留学生本科必修课系列教材

汉语纵横 Jump High
A Systematic Chinese Course

1

泛读

课本

马燕华 ◎ 编著

北京语言大学出版社
BEIJING LANGUAGE AND CULTURE UNIVERSITY PRESS

图书在版编目（CIP）数据

汉语·纵横泛读课本．1 / 马燕华编著．-- 北京 ：
北京语言大学出版社，2019.1
ISBN 978-7-5619-5334-1

Ⅰ.①汉… Ⅱ.①马… Ⅲ.①汉语－对外汉语教学－
教材 Ⅳ.① H195.4

中国版本图书馆 CIP 数据核字 (2018) 第 249143 号

泛读课本 1
FANDU KEBEN 1

排版制作：北京创艺涵文化发展有限公司
责任印制：周 燚

出版发行：北京语言大学出版社
社　　址：北京市海淀区学院路 15 号，100083
网　　址：www.blcup.com
电子信箱：service@blcup.com
电　　话：编辑部　8610-82303700/3393/1019
　　　　　发行部　8610-82303650/3591/3648
　　　　　北语书店　8610-82303653
　　　　　网购咨询　8610-82303908
印　　刷：北京虎彩文化传播有限公司

版　　次：2019 年 1 月第 1 版　　印　　次：2019 年 1 月第 1 次印刷
开　　本：889 毫米 × 1194 毫米　1/16　　印　　张：11.75
字　　数：170 千字
定　　价：59.00 元

PRINTED IN CHINA

阅读指导

《泛读课本》系列教材，选文分“多彩中国、人间真情、心灵驿站、经典美文”四个板块，其中“多彩中国”的 50 篇短文涵盖了最具中国特色的符号。

本系列教材主要训练汉语泛读微技能。汉语泛读微技能包括把握文章主旨、提取关键信息、猜测词语语境义、解释词语语境义、判断语境中多音字的正确读音、概括段落或全文主要内容等。

从题型上看，练习中的“判断正误”“根据短文完成表格”“多项选择”主要用于训练把握文章主旨和提取关键信息；“单项选择”主要用于训练猜测词语语境义；“解释下面句子中加线的词或写出它们的近义词”用于解释词语语境义。以上题型加上“判断下列多音字的正确读音”“概括段落 / 全文主要内容”均属于客观性题目，需要根据短文内容做出正确答案。

题型中的“简答题”属于主观性题目，一般是阅读短文后谈自己对某个问题、某种现象的理解。

使用时“客观性题目”为必做题，“主观性题目”为选做题。

本系列教材练习中值得关注的题型是“词语练习”。此类题型一般选择短文中出现的、生成能力强的书面语常见格式或短语进行设计，有的为扩展题，有的为解释题，有的为改写题。此类练习既能训练阅读理解能力，又能培养语言使用能力，虽然有一定难度，但颇具挑战性，能充分展现学习者个性，试用阶段很受学生欢迎。

本系列教材阅读难度从低到高共九册，但并不是严格意义上的分级阅读教材，只是在选文内容、主客观题型比例、概括类练习难度上有所体现。

教学实践揭示，阅读难易度与文体有相关性。一般来说，记叙文阅读难度最低，其次是说明文、议论文，这与每册课文的排列顺序不相一致，教师在使用时可略加调整。

本系列教材为泛读教材，我们认为学生通过自主阅读来理解课文并完成阅读练习是泛读课的课型特点。短文中影响理解的关键信息、重要词语，均已编入各类练习中。因此，教材不设“生词表”，教师上课也不必讲解生词。

本系列教材适用对象大致如下：

教材	适用对象	适用对象掌握的词汇量
泛读课本 0	本科一年级下学期	1000 左右
泛读课本 1	本科二年级上学期	2000 左右
泛读课本 2	本科二年级下学期	2000 左右
泛读课本 3	本科三年级上学期	3000 左右
泛读课本 4	本科三年级下学期	3000 左右
泛读课本 5	本科四年级上学期	4000 左右
泛读课本 6	本科四年级下学期	4000 左右
泛读课本 7	高级进修生或研究生	4500 以上
泛读课本 8	高级进修生或研究生	4500 以上

以上只是教材与适用对象的大致对应情况，使用者可以根据自己的具体教学情况和教学对象进行调整。

本教材课文大部分为编著者马燕华撰写或编写，且为首次发表。出版引用者，请与原作者马燕华联系。少数课文均选自公开发表的书籍报刊，并已注明作者与出处。由于诸多原因，未能与原作者取得联系，在此特表歉意，并致以衷心的感谢。恳请原作者与我联系版权使用事宜。

马燕华

2017年夏

使用说明

1. 每课用 2 个课时完成，共计 100 分钟。前 80 分钟布置学生阅读并完成练习，后 20 分钟讲解练习，每次可选择 1 ～ 2 个词语详细讲解。

2.全书共有16课。一般每个学期除去节假日，实际只上14或15周的课。因此，可选择其中1课，加上分值，作为期末考试试卷。

3. 平时上课，应该允许学生查阅参考资料，但不宜在阅读和完成练习环节展开讨论，因为这有悖于泛读课课型特点。

4. 为了体现泛读课课型特点，一般不宜布置课前预习、课后复习和课后作业。考试内容不建议使用已用过的阅读材料。如果学生反映时间不够，由两篇短文组成的课，应保证堂上完成第一篇短文的阅读及其练习；由一篇短文组成的课，可酌情减少主观性练习。

马燕华

2017 年夏

目 录
Contents

1

课　文

中　国

（马燕华　撰写）

阅读提示：
你了解中国吗？你知道中国在哪儿吗？你知道最早的中国人出现在哪儿吗？

1　中国在亚洲（Yàzhōu，Asia）东部、太平洋西岸，陆地面积约960万平方公里，仅次于俄罗斯（Éluósī，Russia）、加拿大（Jiānádà，Canada），是世界上陆地面积第三大的国家。

2　中国的全称是中华人民共和国，全国人口十三亿多，是世界上人口最多的国家。中国的首都在北京。

3　从地图上看，中国像一只面朝东方、昂首挺立的雄鸡。黑龙江省是高昂的鸡首，新疆维吾尔自治区是美丽的鸡尾巴，台湾岛、海南岛则是它两只有力的脚。长江、黄河像两条玉带，从西向东奔流不息，汇入茫茫大海。

4　中国人习惯上以秦岭—淮河为界，把全国分为南方和北方两部分。秦岭—淮河以北是北方，以南是南方。中国的东南部地区比较富裕（fùyù，rich），像江苏省、浙江省、广东省等。中国的西北部地区相对贫穷（pínqióng，poor），像青海省、甘肃省等。改革开放以来，一些沿海省份，如广东省、福建省，经济发展很快。

5 中国是一个历史悠久的国家，有五千多年历史，创造了灿烂的古代文明，是世界四大文明古国之一。传说中国人的祖先（zǔxiān，ancestor）生活在黄河岸边，黄河是中华民族的摇篮，黄河流域（liúyù，basin）是中华文化的发祥地。中国人把黄河称为“母亲河”。

6 中国有 56 个民族，汉族人口约占全国人口的 92%，其他 55 个民族人口约占 8%。标准汉语是普通话（pǔtōnghuà，Mandarin），也是中国的国家通用语言，中国的广播、电视都用普通话。外国人学习汉语是学习普通话，也有人说“学中文”。

中国地图

审图号：GS(2016)1607号　　国家测绘地理信息局 监制

练 习

一、判断正误

1. 中国是世界第三大国家。 ( )
2. 世界上国土面积最大的国家是加拿大。 ( )
3. 北京是中国的首都。 ( )
4. 中国人口已经超过十三亿。 ( )
5. 雄鸡就是很漂亮的鸡。 ( )
6. 长江最后不流入大海。 ( )
7. 中国的地势东高西低。 ( )
8. 中国沿海地区改革开放以来经济发展很快。 ( )
9. 秦岭—淮河是中国人习惯上划分南方和北方的界线。 ( )
10. 长江、黄河从西到东奔流入海。 ( )
11. 中国人最早生活在黄河岸边。 ( )
12. 中国人把“黄河”称为“母亲河”，因为它水量很大。 ( )
13. 世界文明古国只有中国。 ( )
14. 中国是有着灿烂历史文化的文明古国。 ( )
15. 中国有五十五个民族。 ( )
16. 汉族是中国人口最多的民族。 ( )
17. 普通话是中国的国家通用语言。 ( )
18. 中国人只说普通话。 ( )
19. 外国人学习汉语，是学习普通话。 ( )

二、单项选择

1. 中国在（　　）、太平洋西岸。

A. 亚洲西部　　B. 亚洲东部　　C. 亚洲北部　　D. 亚洲南部

2. 中国的陆地面积在世界上是：（　　）

A. 第一大　　B. 第二大　　C. 第三大　　D. 第四大

3. 中国的历史有：(　　)

A. 两千多年　B. 三千多年　C. 四千多年　D. 五千多年

4. 现在世界上人口最多的国家是：(　　)

A. 印度　B. 中国　C. 印度尼西亚　D. 美国

5. 中国的首都是：(　　)

A. 北京　B. 上海　C. 南京　D. 西安

6. 长江：(　　)

A. 从东向西流　B. 从西向东流　C. 从南向北流　D. 从北向南流

7. 中国人的“母亲河”是：(　　)

A. 长江　B. 黄河　C. 珠江　D. 黑龙江

8. 中国人习惯上用秦岭—淮河来划分：(　　)

A. 南方和北方　B. 东部和西部　C. 东北和西北　D. 东南和西南

9. 中国有（　　）个民族。

A. 54　B. 55　C. 56　D. 57

10. 中国相对贫穷的地区是：(　　)

A. 东南部　B. 东北部　C. 西南部　D. 西北部

11. 标准汉语是：(　　)

A. 北京话　B. 广东话　C. 普通话　D. 上海话

三、根据课文完成表格

中国

所在洲	全称	简称	面积	人口	首都	历史	国家通用语言
亚洲					北京		

你的国家

所在洲	全称	简称	面积	人口	首都	历史	国家通用语言

四、改写

1. 中国的陆地面积仅次于俄罗斯、加拿大。

“仅次于”常用在“A 仅次于 B”格式里，表示 A 只是比 B 差，B 是这类事物范围、数量、程度等方面的最高级。用“A 仅次于 B”格式改写下列句子。

（1）中国人口最多，印度人口排第二。

____

（2）据统计，在北京的大学里，北京语言大学的留学生人数最多，北京师范大学排第二。

____

（3）据统计，中国人口最多的城市是上海，北京的第二。

____

（4）我们家我爸爸的个子最高，哥哥排第二。

____

2. 中国是世界四大文明古国之一。

“是……之一”表示是这类事物中的一个。用“是……之一”改写下列句子。

（1）北京大学、清华大学、中国人民大学、北京师范大学都是中国的著名大学。

北京大学______________________________

（2）西红柿炒鸡蛋、宫保鸡丁、麻婆豆腐都是我最喜欢吃的中国菜。

宫保鸡丁______________________________

（3）中国的七大古都有安阳、北京、杭州、开封、洛阳、南京、西安等。

北京______________________________

（4）草鱼、青鱼、鲤鱼是中国常见的鱼类。

草鱼______________________________

3. 黄河是中华民族的摇篮。

“摇篮”指婴儿睡觉的床，形状像篮子，可以左右摇动。常用来比喻青少年时期的生活环境或文化、运动的发源地，为褒义词。如，“北京师范大学是教师的摇篮”，意思是北京师范大学是培养教师的地方。用“是……的摇篮”改写下列句子。

（1）中国很多工程师都是清华大学毕业的。

____

（2）中国很多电子公司都是在中关村诞生、发展起来的。

____

五、根据课文填空

1. 根据短文和中国地图选择填空。

A. 东南　　B. 东北　　C. 西南　　C. 西北

（1）黑龙江省在中国的__________。

（2）云南省在中国的__________。

（3）浙江省在中国的__________。

（4）甘肃省在中国的__________。

（5）上海市在中国的__________。

（6）新疆维吾尔自治区在中国的__________。

2. 用你的母语写出“东南”“东北”“西南”“西北”，然后直译成汉语。

你的母语：______________________________

译成汉语：______________________________

3. “从地图上看，中国像一只面朝东方、昂首挺立的雄鸡。”仿照这个句子，写出你对自己国家地图的比喻。

从地图上看，________像______________________________。

六、填空概括课文主要内容

中国在____________，陆地面积____________平方公里。中国的全称是____________，中国的首都在____________。中国有____________的历史，中国人的祖先生活在____________。中国有____________人口，________个民族。92% 的中国人是____________人。标准汉语是____________。

2

课　文

盘古开天地

（盛双霞　撰写）

阅读提示：
人类是从哪儿来的？太阳、月亮、河流是怎么来的？世界上很多民族都有自己的传统，本课是中国人关于人类起源的古老传说。

（一）

1　“自从盘古（Pángǔ）开天地，三皇五帝到如今。”这是一句中国男女老少都熟悉的话，这句话告诉我们，盘古是一位创造世界、开天辟地的大神（shén，god）。

2　很久很久以前，宇宙（yǔzhòu，universe）完全是一片混沌（hùndùn，chaos），样子好像一个大鸡蛋。那时，没有日月，没有人类，没有世界，更没有万事万物。盘古就生长在这个巨大的鸡蛋里。

3　日子一天天地过去了，盘古睡在鸡蛋里，没有什么感觉，而他的身体却一天天地长大了，强壮了。他慢慢地会踢腿了，会转头了，会翻身了……只是眼睛还是闭着的。

4 这样过了一万八千年，盘古终于睁开了眼睛，他长长地出了口气，伸伸胳膊伸伸腿，从很深很长的沉睡中醒来了。可是，眼前的世界是一片混沌和黑暗，他什么也看不见，什么也听不见。睡够了觉、长够了精神的盘古受不了这没有光明的世界，他感到透不过气的难受，胸中好像要爆炸一样。听着自己身体生长的声音、血液在体内流动的声音，盘古猛地站了起来，两手往上一用力，双脚拼命往下一用力，只听到"咔嚓"(kāchā)一声巨响，"大鸡蛋"突然裂开了一条大缝隙（fèngxì，gap），黑暗中透进一线光明，盘古找到这条缝隙，在缝隙旁边继续不断地用力，一次、两次、三次……不知道经过了多少次努力，"大鸡蛋"终于完全裂成了两半，慢慢地互相分开：宇宙中那些明亮而清新的东西慢慢地向上升起，变成了我们今天看到的天空；那些厚而且重的东西慢慢地向下降落，变成了我们今天生活着的大地。

5 原来混沌不分的宇宙，被盘古创造成了一个有天有地的光明世界。

（二）

6 世界变大变宽了，盘古两手顶着天，双脚踩着地，终于可以舒舒服服地站直了他强壮而结实（jiēshi，sturdy）的身子，他不再觉得难受了。可是他怕自己一松手，天和地就要重新合上，整个宇宙又将回到黑暗混沌的状态，于是，他一点儿也不敢放松，就这样一动不动地站着。

7 盘古站在天地之间，每天要变化很多次，他的本领超过了天，能力超过了地。天不断地升高，一天能增高一丈，地不断地变厚，一天增厚一丈，盘古的身体也跟着天地的变化而变化，每天增高……又一个一万八千年过去了，天升得越来越高，地变得越来越厚，天地之间的距离越来越远，盘古的身体也越来越高大，可是不管怎样，他一直保持着同一个样子，一动不动地站立在天地之间，成了一个巨人。

8 盘古孤独而骄傲地站立在他所创造的新天地之间，一万八千年来，天地在不断地变化着，盘古的心情也在不断地变化着。有时候他觉得伤心难过，有时候他觉得开心快乐，有时候他高声大叫，有的时候他又安安静静。他放声哭喊时不断流出的眼泪变成了奔流不尽的江河，他呼吸出的空气就是今天吹着的风，他愤怒时发出的声音变成了今天隆隆（lónglóng）的雷声（léishēng，thunderclap），他眼中闪烁的光芒就是我们今天看到的照亮天空的一道道闪电（shǎndiàn，lightning）。

9 一万八千年来，这位孤独的英雄睁开眼睛，世界就是光明的白天；他闭上双眼，世界便是黑暗的夜晚；他高兴的时候，整个天空是蓝天、白云，晴朗极了；他伤心、生气的时候，整个天空便阴沉沉的，好像要下雨的样子……

10 谁也不知道盘古在天地间站立了多少年。天终于不再升高了，地终于不再增厚了，盘古也不再变高大了。这么多年来，他终于感到有点儿累了，他想休息了。他抬头看了看天，又低头看了看地，看到天和地离得那么远，再也不会合到一起了，他才露出了笑脸，他知道，他已经完成了开辟天地的任务了，可以放心地休息了。盘古最后一次看了看自己所创造的天地，然后默默地倒下了，从此再也没有起来。

（三）

11 盘古死了，他身上的一切化成了自然界的万事万物：他的头（tóu，head）就是今天的东岳（Dōng Yuè，Eastern Mount）泰山（Tài Shān，Mount Tai），肚子（dùzi，paunch）是中岳（Zhōng Yuè，Central Mountain）嵩山（Sōng Shān，Mount Song）；左胳膊（zuǒ gēbo，left arm）是南岳（Nán Yuè，Southern Mountain）衡山（Héng Shān，Mount Heng），右胳膊（yòu gēbo，right arm）是北岳（Běi Yuè，Northern Mount）恒山（Héng Shān，Mount Heng），脚（jiǎo，foot）是西岳（Xī Yuè，Western Mount）华山（Huà Shān，Mount Hua）。

12 盘古的左眼，化作了白天照亮大地的太阳，他的右眼，变成了晚上明亮的月亮。

13 盘古身上流动的血液（xuèyè，blood）化作了奔流不尽的江海河流，他全身的筋脉（jīnmài，tendon and vessel）变成了交通道路。他的肌肉（jīròu，muscle）化成了肥沃的土地，他的头发（tóufa，hair）和胡子（húzi，beard）变成了天空闪烁的星星。他的皮肤（pífū，skin）化作了今天到处可见的花草树木，牙齿（yáchi，tooth）和骨头（gǔtou，bone）变成了各种各样的金属和石头。盘古身上流的汗水（hànshuǐ，sweat）化作了滋润大地的雨水和甘泉，就连寄生在盘古身上的各种小虫子（chóngzi，parasite），都变成了大地上的人。

14 盘古，创造世界的大神，他来自宇宙，又把自己彻彻底底地交还给了宇宙，盘古真不愧为宇宙的儿子。

（选自《中国古代历史人物故事·先秦卷》，北京语言大学出版社，2005 年）

练　习

一、根据课文填空

（一）

1. 盘古是一位________的大神。

2. 很久很久以前，宇宙像一个________。

3. 盘古最初生长在这个________。

4. 过了________年，盘古从沉睡中醒来了。

5. 盘古用力分开了这个巨大的“鸡蛋”，创造了一个________。

（二）

1. 盘古两手________，双脚________，一动不动地站立在________，成了一个________。

2. 盘古的眼泪变成了________。

3. 盘古呼出的空气变成了________。

4. 盘古愤怒时发出的声音变成了________。

5. 盘古眼中的光芒变成了________。

6. 盘古睁开眼睛就是________。

7. 盘古闭上眼睛就是________。

8. 盘古高兴的时候天空________。

9. 盘古伤心、生气的时候天空________。

10. 盘古在天地之间站立了________年。

11. 盘古累了，他觉得他可以放心地休息了，因为________________。

(三)

1. 泰山是盘古的________________变的。

2. 华山是盘古的________________变的。

3. 太阳是盘古的________________变的。

4. 月亮是盘古的________________变的。

5. 星星是盘古的________________变的。

6. 江海河流是盘古的________________变的。

7. 道路是盘古的________________变的。

8. 土地是盘古的________________变的。

9. 花草树木是盘古的________________变的。

10. 各种各样的金属和石头是盘古的________________变的。

11. 雨水和甘泉是盘古的________________变的。

12. 人是盘古身上的________________变的。

二、判断正误

1. 盘古是创造世界、开天辟地的大神。（　　）
2. 盘古是传说中的人物。（　　）
3. 在盘古开天辟地之前，宇宙一片混沌，好像一个巨大的鸡蛋。（　　）
4. 盘古在这个“大鸡蛋”里睡了一万八千年。（　　）
5. 盘古两手顶着天，双脚踩着地，把天和地分开了。（　　）
6. 盘古在天地之间站了一万八千年，终于倒下了。（　　）
7. 盘古倒下是因为他站得太久，太累了。（　　）

8. 盘古的心情不会变成世界上的事物。 (　　)

9. 太阳、月亮、星星、江河、树木都是盘古的身体部位变的。 (　　)

三、多项选择

下面哪几项文中没有提到：(　　　　　　)

A. 盘古的左眼变成了太阳

B. 盘古的右眼变成了月亮

C. 盘古的鼻子变成了高山

D. 盘古的嘴巴变成了江河

E. 盘古的牙齿和骨头变成了金属和石头

F. 盘古的耳朵变成了山洞

G. 盘古的汗毛变成了女人

H. 盘古的肩膀变成了大桥

四、缩写句子

例：剪纸是中国传统民间艺术。

缩写为：剪纸是艺术。

1. 这是一句中国男女老少都熟悉的话。

缩写为：______

2. 盘古是一位创造世界、开辟天地的大神。

缩写为：______

3. 盘古孤独而骄傲地站立在他所创造的新天地之间。

缩写为：______

4. 盘古的左眼，化作了白天照亮大地的太阳，他的右眼，变成了晚上明亮的月亮。

缩写为：______

五、将盘古的身体部位和变成的事物连线

A	B
1. 头 ________	A. 泰山
2. 肚子	B. 恒山
3. 左胳膊	C. 太阳
4. 右胳膊	D. 月亮
5. 脚	E. 嵩山
6. 左眼	F. 江海河流
7. 右眼	G. 星星
8. 血液	H. 花草树木
9. 筋脉	I. 衡山
10. 肌肉	J. 华山
11. 头发和胡子	K. 人
12. 皮肤	L. 道路
13. 牙齿和骨头	M. 雨水和甘泉
14. 汗水	N. 土地
15. 身上的虫子	O. 金属和石头

六、填空概括课文主要内容

盘古是中国传说中________________的大神。很久很久以前，宇宙一片混沌，像一个大鸡蛋。盘古就生长在这个________________里。过了一万八千年，盘古从沉睡中醒来了，他猛地________________，两手往上一举，双脚往下一用力，混沌不清的宇宙________________________。

盘古一个人在________________站立了很多很多年，终于有一天他看到天和地离得那么远，________________，他才露出了笑脸。盘古知道他已经完成了________________，他默默地________________，从此再也没有起来。

七、简答题

你们国家有什么创造世界的故事？给大家讲讲。

3

课 文

中国人

（马燕华　编写）

阅读提示：
中国有多少个民族？人口最多的民族是哪个？你知道“炎黄子孙”的由来吗？

1　中国是一个多民族国家，有56个民族。据统计，汉族人口约占全国人口的92%，其他55个民族的人口约占8%，称为少数民族。

2　汉族人的祖先是五千多年前生活在黄河流域的部落（bùluò, tribe），炎帝、黄帝是部落领袖。传说炎帝和黄帝领导的部落联合起来在涿鹿（Zhuōlù）和南方的蚩尤（Chīyóu）部落打了一场大仗。蚩尤施展魔法，三日三夜大雾（wù, fog）弥漫，使人辨不清方向。黄帝命令造了一辆指南车，辨清了方向，彻底打败了蚩尤部落。从此，炎帝和黄帝部落的人经过长期发展，形成了今天的汉族。所以汉族人把自己称作“炎黄子孙”。

3　以前中国的农村人口占大多数，改革开放四十年来，中国的农村人口和城镇人口比例发生了很大变化。据2010年统计，中国农村人口约占50.32%，城镇人口约占49.68%。东南部人口密度（mìdù，density）大，约为240人/平方公里，东南部地区占国土面积的43%，人口却占全国总人口的94%。西北部人口密度小，约为11人/平方公里，相差约21倍。其中人口密度最大的是上海，达到2118人/平方公里，人口密度最小的是西藏，仅为1.8人/平方公里。

4 1970年，中国只有不到5万名大学本科生，几乎没有硕士研究生。这种状况在20世纪90年代和21世纪得到迅速改变。现在中国接受高等教育的学生人数增长了300倍。但现在中国人的受教育水平在城乡和地区分布上仍存在不均衡现象，少数落后偏远地区仍有文盲（wénmáng，illiterate person）。中国政府正在努力改变这一状况，如2016年大学向贫困地区定向招生，安排6万人接受高等教育。

5 相信在不久的将来，中国人受教育的不均衡现象会逐步消除。

炎帝和黄帝的传说

阅读提示：
炎帝和黄帝是传说中汉族人的祖先，你知道炎帝和黄帝的传说吗？

1　五千多年前，黄河流域水草丰茂、气候宜人，那里生活着氏族部落群，中国人认为黄河是自己的母亲河，黄河流域是中华民族的主要发祥地。

（一）炎帝的传说

2　五千多年前，黄河流域生活着一个个部落群，他们靠采野果、打野兽生活。后来各部落的人越来越多，野果、野兽不够吃了，一个部落就到另一个部落去抢，于是时常爆发部落间的大规模战斗。

3　一天，一场战斗结束了。部落首领炎帝来到了战场。只见荒原上尸体（shītǐ，corpse）遍地，鲜血染红了石块。老老少少悲伤的哭声，撕人心肺。炎帝的心也在哭泣。他是一个仁慈、善良的首领，不愿意看到人们互相残杀。

4　这时，一只遍体通红的大鸟出现在空中。“我怎么从来没见过这种鸟呢？”炎帝好生奇怪。他仔细端详着这只大鸟，发现鸟的嘴里还衔（xián，to hold in the mouth）着一棵有九个穗头的谷子，更加感到新奇了。这只神奇的大鸟仿佛认识炎帝似的，飞到了炎帝身边，轻轻一晃头，谷粒纷纷落在地上，大鸟又绕着炎帝飞了三圈儿，然后飞走了。

5　炎帝想：“这里面必定有原因。”他就守在地边观察起来。没几天，地里钻出了一棵棵小苗，小苗一天天长高，然后每棵长高的苗上都结了一个穗，沉甸甸的，迎风摆动。这不正是人们平时采来吃的谷子吗？炎帝明白了，原来那只大鸟带给他的是粮食种子，粮食是可以种出来的呀！

6 从此，他四处奔走，教会了人们耕耘、播种和收获，人们从炎帝那儿学会了种粮食的本领。经过辛勤劳动，终于使荒凉的原野上长出了五谷：稻（dào，rice）、黍（shǔ，broomcorn）、稷（jì，millet）、麦（mài，wheat）、菽（shū，soya bean）。这就是最早的农业生产。有了农业，人口就很快繁衍起来了。因此中国人把炎帝看作农业的开拓者，把他奉为农神，称他为神农氏。

7 后来有一年，炎帝的部落里突然流行起瘟疫（wēnyì，pestilence）来。那时人们不懂医，也没有药，眼睁睁看着一条条生命被瘟疫夺走了。神农氏焦虑万分，他听说有的草可以治病，就不顾中毒的危险，亲自去尝百草。他曾经一天中过70次毒，但都挺过来了。人们用他找到的药治病，终于战胜了瘟疫。

8 不幸的是，神农氏最后尝到了剧毒的断肠草，中毒而死。但是，他冒着生命危险尝出来的草药，却流传下来了。后来人们在他发现的草药基础上，不断地扩充新的草药品种，并进行多方面的研究，终于研制出今天名扬海内外的中草药（zhōngcǎoyào，Chinese herbal medicine）。

9 炎帝就这样把自己的英雄形象留给了后代子孙。

（二）黄帝的传说

10 传说黄帝是当时另一个部落的首领。这个部落开始生活在中国西北部姬水河一带，以“姬”为姓。后来渐渐东移，来到黄河流域的中原地带（包括今河南大部、山东西部和河北、山西南部）。

11 人们在这儿学会了农业耕作，结束了动荡的游猎生活，在中原定居下来了。

12 一个寒冷的冬天，黄帝披着兽皮，在部落中来回视察，了解民间疾苦。狂风夹着雪花，呼啸着穿过山野。好冷啊！黄帝把兽皮裹得更紧了。然而，他看到自己部落的大多数人穿着树叶编成的衣衫，在寒风中哆嗦着，不少人冻死在荒原上——兽皮太少了啊！

13 “唉，我这个首领是怎么当的呀？”黄帝闷闷不乐地回到家里，对自己的妻子嫘祖（Léizǔ）说。

14 嫘祖是个温柔、能干的妻子，她很想帮助丈夫解除忧愁。可怎么帮助呢？她也不知道。

15 有一天，嫘祖指着桑树上的几只蚕，对黄帝说：“你看，连这么小的虫也会想办法保暖呢！”黄帝仔细一看，真的，有几只蚕吐出白白的丝，正在为自己做窝呢！黄帝对妻子说：“可不可以把蚕茧的丝抽出来，做成保暖的东西呢？我们来试试吧。”

16 不知经过了多少次失败，嫘祖和黄帝终于从蚕茧上抽出了丝，又用丝纺成了绢。这绢又轻又软，像天上的行云，似溪中的流水，美丽极了。嫘祖把用蚕茧纺丝织绢的技术传授给部落里的妇女。当冬天来到时，人们都穿上了保暖的衣服，再也不怕寒风的侵袭了。

17 传说中的黄帝，还有其他许多发明创造呢！

18 比方说，人们最早住在地穴和山洞里，黄帝用木头盖房子，人们才住上了房子；人们原来不知道如何过河，是黄帝教人们把整根木头挖空，做成了独木舟；他还教人们驯服了牛、马，用来拉车……

19 黄帝多了不起啊！难怪他受到人们的爱戴。

（三）炎帝和黄帝战蚩尤

20 黄帝和炎帝各自领着自己的部落生活着。

21 后来，炎帝族和南方的九黎族发生了冲突。九黎族首领蚩尤十分凶猛，炎帝抵抗不了，被迫带着全族人来到中原。他们和黄帝族联合起来，在涿鹿摆开战场，打败了蚩尤。

22 从此，炎帝族也在中原地区定居下来，他们和黄帝族一起，发展生产，交流文化，共同生活，融合成了一个部族。后来他们又渐渐融合了其他部族，形成一个以黄帝族为主体的大族——华夏族。中华民族也开始形成。

23 炎帝和黄帝是传说中的人物，是理想的化身。人们把许多美丽的传说加在他们身上，表达了对民族祖先的向往和爱戴。

（选自《课外阅读·第八册》，黑龙江教育出版社，1997 年，个别文字有改动）

练习

中国人

一、判断正误

1. 中国是一个多民族国家。（ ）
2. 中国汉族人口最多。（ ）
3. 中国有 56 个少数民族。（ ）
4. 最早的汉族人生活在长江流域。（ ）
5. 汉族人的祖先是炎帝和黄帝。（ ）
6. 汉族人把自己称作“炎黄子孙”。（ ）
7. 现代中国已经没有文盲了。（ ）
8. 现代中国农村人口比城镇人口多得多。（ ）
9. 现在绝大多数中国人居住在东南部地区。（ ）
10. 中国受高等教育人数增长很快。（ ）

二、根据课文填空

1. 中国有________个民族，其中________人最多，约占全国人口的________。
2. 汉族人最早生活在________，传说________是汉族人的祖先。
3. 中国东南部地区平均人口密度为________，西北部为________。
4. 现在中国农村人口占________。
5. 中国人的受教育水平在________和________分布上存在不均衡现象。

三、简答题

你们国家人口最多的民族是哪个民族？

四、填空概括短文主要内容

中国是一个多民族国家，共有____________________个民族，其中有____________________个少数民族。汉族人口约占全国人口的____________________。现代中国的农村人口和城镇人口比例发生了很大变化。据 2010 年统计，现在中国农村人口约占全国人口的____________________，城镇人口____________________。东南部人口密度____________________，西北部人口密度____________________；其中，人口密度最大的是____________________，密度最小的是____________________。1970 年，中国只有____________________名本科生，这一状况在____________________得到改变。

炎帝和黄帝的传说

一、判断正误

（一）

1. 最早的中国人出现在五千年前的黄河流域。（　　）
2. 传说炎帝是当时一个部落的首领。（　　）
3. 一只大鸟给炎帝部落带来了谷粒。（　　）
4. 炎帝教会了人们种粮食。（　　）
5. 炎帝又叫神农氏，因为他最早教会人们进行农业生产。（　　）
6. 中草药是炎帝发现的。（　　）
7. 神农氏偶然发现有些草可以治病。（　　）
8. 神农氏最后得瘟疫死了。（　　）

（二）

1. 传说黄帝是部落首领。 （ ）
2. 黄帝领导的部落最早也生活在黄河流域。 （ ）
3. 黄帝的妻子教人们学会了做衣服。 （ ）
4. 黄帝还教人们学会了用木头盖房子。 （ ）
5. 黄帝教会了人们造船。 （ ）

（三）

1. 蚩尤是当时南方一个部落首领。 （ ）
2. 炎帝和黄帝部落联合起来打败了蚩尤。 （ ）
3. 炎帝和黄帝部落在涿鹿打败了蚩尤。 （ ）
4. 华夏族以黄帝族为主体。 （ ）
5. 炎帝和黄帝是真实的历史人物。 （ ）

二、根据课文填空

（一）

1. ________年前，在________出现了部落群，他们是最早的中国人。

2. 空中飞来的一只大鸟给炎帝族带来了________。

3. 炎帝教人们学会了________。

4. 炎帝族在荒凉的原野上种出了五谷，就是________________________。

5. 在炎帝的领导下有了农业生产，所以人们都称炎帝为________。

6. 为了给部落人治病，神农氏尝遍百草，终于找到了治病的________。

7. 据说，________是神农氏发现的。

8. 神农氏最后因为________死了。

（二）

1. 黄帝是当时另一个________的首领。

2. 黄帝族最初生活在中国________。

3. 黄帝部落的人姓________。

4. 用蚕茧纺丝织绢是________发明的。

（三）

1. 炎帝族和黄帝族联合起来在________打败了南方的九黎族。

2. 华夏族以________为主体。

3. 炎帝和黄帝是________的人物，是理想的化身。

三、下面哪一项不正确或没有提到

1. 炎帝：（ ）

A. 是部落首领　　B. 生活在黄河流域

C. 教会了人们种粮食　　D. 发现了中草药

E. 被尊为神农氏　　F. 没有妻子

2. 黄帝：（ ）

A. 是部落首领　　B. 生活在中国西北部的姬水边

C. 发明了用木头盖房子的方法　　D. 发明了独木舟

E. 驯服了牛、马　　F. 不会种粮食

3. 汉族人的祖先：（ ）

A. 出现在五千多年前　　B. 生活在黄河流域

C. 曾经打败了蚩尤　　D. 姓“姬”

四、解释下面句子中加线的词语或写出它们的近义词

1. 黄河流域水草丰茂、气候宜人（ ）。

2. 中国人认为黄河是自己的<u>母亲河</u>（　　　　），黄河流域是中华民族的主要<u>发祥地</u>（　　　　）。

3. 他仔细<u>端详</u>（　　　　）着这只大鸟。

4. 神农氏最后尝到了<u>剧毒</u>（　　　　）的断肠草，中毒而死。

五、简答题

说说你们国家有哪些传说中的英雄，他们有什么事迹。

4

课文

中国历史

（马燕华　撰写）

阅读提示：
你知道中国有多长的历史吗？你知道中国古代有多少个朝代吗？哪个朝代最繁荣昌盛呢？

1　中国是一个古老的国家，已经有五千多年的历史了。

2　黄帝以后，还先后出现了三个杰出的领袖（lǐngxiù，leader），他们是尧（Yáo）、舜（Shùn）、禹（Yǔ）。

3　尧老了，大家推选有才能的舜当领袖。

4　舜老了，大家推选有才能的禹当领袖。

5　但是，禹死了以后，禹的儿子启（Qǐ）却杀死了他父亲认为有才能的继承人，自己当了领袖，建立了夏朝。

6　夏朝建立于公元前21世纪，是中国历史上第一个朝代。其都城大致在今天的河南省郑州市。

7　从夏朝到商朝、周朝，一共经历了一千八百多年。周朝后期，各诸侯（zhūhóu，dukes or princes）国的力量越来越强大，周王朝已经统治不了整个国家了。当时有七个强大的诸侯国：齐国、楚国、燕国、韩国、赵国、魏国和秦（Qín）国。他们都想用武力战胜其他六国，统一天下。

8 公元前221年，最强大的秦国在年轻的国王嬴政（Yíng Zhèng）领导下，统一了六国，建立了秦王朝，定都咸阳（Xiányáng）（今陕西省西安市）。嬴政是统一后的秦朝皇帝，他希望秦王朝能世世代代永远统治下去，于是称自己为“始皇帝”，意思是第一个皇帝，历史上称他为“秦始皇”。

9 秦朝虽然只有十五年时间，却是中国历史上一个非常重要的朝代。它结束了周朝后期四五百年的分裂局面，统一了全国，还统一了全国的法律（fǎlǜ，law）、度量衡（dùliànghéng，weights and measures）、货币（huòbì，money）、文字和道路标准，具有历史进步意义。

10 秦朝以后，中国又经历了汉、三国、晋（Jìn）、南北朝、隋（Suí）、唐（Táng）、五代、宋、元、明、清等朝代，前后共两千一百多年。

11 汉代和唐代是中国历史上最繁荣昌盛（fánróng-chāngshèng，prosperous）的朝代。

12 勤劳、勇敢、智慧的古代中国人，发明了指南针、火药、造纸术和活字印刷术。这四项发明，历史上称为“中国古代四大发明”，它推动了人类文明进步。

13 1911年，孙中山先生领导的辛亥革命（Xīnhài Gémìng，Revolution of 1911）推翻了清王朝，彻底结束了中国封建社会，1912年建立了中华民国。

14 1949年10月1日，中华人民共和国成立。

北 京

（马燕华 撰写）

阅读提示：
你了解北京吗？你知道北京有多大、历史有多长、有多少人吗？你知道北京的特点是什么吗？

1 北京位于中国北方，是中华人民共和国的首都，是全国政治、文化、国际交流和科技创新中心。北京市土地面积约 1.64 万平方公里，截至 2016 年年末常住人口约 2172 万人。

2 北京市分为 16 个区。它们是：东城区、西城区、朝阳区、海淀区、丰台区、石景山区、房山区、通州区、顺义区、大兴区、昌平区、平谷区、怀柔区、门头沟区、密云区和延庆区。

3 北京城是一座古老的城市，已经有三千多年历史了，历史上也叫蓟（Jì）、燕京、北平，先后做过元、明、清三个朝代的国都，到现在北京作为首都已经有八百六十多年的历史了。

4 北京的城市建筑具有鲜明的中华文化特征。全市以故宫为中心，以钟鼓楼、地安门、天安门、永定门为中轴线（zhōngzhóuxiàn，central axis），东西对称。北京的街道方向很正，地名中常用表示方向的“东、西、南、北”等方位词，如东长安街、西单、南河沿、北池子等。所以北京人爱用方位词说明地址，如天安门城楼在西长安街北边。

5 近年来，北京围绕城市中心修建了一圈儿又一圈儿的环行道路，如二环路、三环路、四环路、五环路、六环路。从高空俯瞰北京，这些环行路草木葱茏，鲜花簇拥，把北京装扮成了一个美丽的大花园。

6 为了迎接第 29 届奥林匹克运动会，2008 年北京还建成了国家体育场“鸟巢”和国家游泳中心“水立方”。“鸟巢”和“水立方”是北京的新建筑代表。

7 北京市内公共交通很方便，现在有 18 条地铁线，近 900 条公共汽车线路。出租车、私人轿车的数量也居全国首位。不过也有不少北京人喜欢骑自行车出门，马路上滚滚向前的自行车车流是北京的一道人文风景线。

8 和全国其他城市相比，北京的名胜古迹、名人故居、高等学府拥有量在全国是最多的。如举世闻名的长城、故宫，京剧表演大师梅兰芳的故居，国画大师齐白石的故居等。北京有 89 所大学，其中不少是世界知名大学，如北京大学、清华大学等。北京不仅是旅游胜地，也是国际文化交流的首选城市。

9 北京语音是现代汉语普通话的语音标准，北京是外国人学习汉语最理想的城市之一，也是中国人学习普通话最理想的城市之一。

10 普通北京人的传统住房是灰色的四合院，北京最有名的菜是北京烤鸭（běijīngkǎoyā，Beijing roast duck）和涮羊肉（shuànyángròu，instant-boiled mutton）。北京人关心政治，业余时间喜欢种花儿、养鸟儿。

11 改革开放给北京带来了勃勃生机，许多世界知名大企业，在北京都有自己的办事处，像美国的通用汽车公司（GM）、德国的西门子公司（SIEMENS）、日本的松下公司（Panasonic）等。海淀区中关村电子公司云集、电子产品齐全、IT 人员集中，吸引着世界众多 IT 企业的落户和投资，已经成为世界闻名的电子城。

12 北京是一座历史文化名城，也是一座现代国际大都市。北京正张开双臂，热情欢迎来自世界各国的朋友们。

（卫珉　摄）

练　习

中国历史

一、根据课文填空

1. 中国已经有________多年的历史了。

2. 中国历史上的第一个朝代是________，离现在有________多年。

3. ________是中国历史上第一个统一了全国的朝代。

4. ________是秦朝的第一个皇帝。

5. 秦朝的历史进步意义是____。

6. ________和________是中国历史上最繁荣昌盛的朝代。

7. 秦朝以后，中国又经历了________、三国、晋、南北朝、隋、________、五代、________、元、________、________。

8. 中国古代四大发明是________________。

9. 中华人民共和国成立于______年______月______日。

二、判断正误

1. 中国是一个古老的国家。（　　）
2. 夏朝是中国历史上第一个朝代，是禹建立的。（　　）
3. 中国有朝代的历史顺序是：夏、周、商、秦、汉、三国、晋、南北朝、隋、唐、五代、宋、元、明、清。（　　）
4. 辛亥革命结束了中国封建社会。（　　）

三、改写

黄帝以后，还先后出现了三个杰出的领袖，他们是尧、舜、禹。

“先后”说明尧、舜、禹出现的时间顺序。用“先后”改写下列句子。

（1）她 2013 年在北京语言大学学习汉语，2014 年在北京师范大学学习汉语。

____

（2）他 2013 年在上海工作，2014 年在广州工作，2015 年在北京工作。

____

（3）爸爸因为工作关系，在东京、纽约、北京都生活过。

____

（4）他小学学过日语，中学学过英语，大学学过法语，现在在学习汉语。

____

四、根据课文完成表格

朝代名	历史意义
夏朝	
	第一个统一了中国的朝代
	中国历史上最繁荣昌盛的朝代

五、多项选择

关于中国历史正确的是：（　　　　　　　　）

A.有五千多年的历史

B.秦代是中国历史上第一个朝代

C.汉代、唐代是中国历史上最繁荣昌盛的朝代

D.指南针、火药、造纸术和活字印刷术是中国古代的发明

E.1911 年辛亥革命结束了中国封建社会的历史

F.1949 年中华人民共和国成立

六、填空简要介绍中国

中国是一个＿＿＿＿＿＿＿＿，有＿＿＿＿＿＿＿＿历史。＿＿＿＿＿＿＿＿是中国历史上第一个朝代，＿＿＿＿＿＿＿＿是第一个统一了全国的法律、度量衡、货币、文字和道路标准的朝代，＿＿＿＿＿＿＿＿和＿＿＿＿＿＿＿＿是中国历史上最繁荣昌盛的朝代。

1911 年辛亥革命结束了＿＿＿＿＿＿＿＿。

＿＿＿＿＿＿＿＿年中华人民共和国成立。

北　京

一、判断正误

1. 北京是中华人民共和国的首都。（　　）
2. 北京是中国政治、文化、商业中心。（　　）
3. 北京有 16 个区。（　　）
4. 北京有三千多年历史，历史上做过八百多年的首都。（　　）
5. 北京城的中心是故宫。（　　）
6. 北京的街道方向很正。（　　）
7. 环行道路就是很长的路。（　　）
8. 中国大学最多的城市是北京。（　　）
9. 北京是旅游的好地方。（　　）
10. 北京人喜欢养狗。（　　）
11. 四合院是普通北京人的传统住房。（　　）
12. 中国私人轿车最多的城市是北京。（　　）
13. 北京有名的菜是西红柿炒鸡蛋。（　　）
14. 现在北京已经很少有人骑自行车了。（　　）
15. 北京语音是现代汉语普通话的语音标准。（　　）
16. 现在北京有许多世界著名大公司的办事处。（　　）
17. 中关村在海淀区。（　　）
18. 中关村的电子产业最有名。（　　）

二、单项选择

1. 北京是全国的：(　　)

A. 政治中心　　B. 文化中心

C. 经济中心　　D. A、B 都对

2. 北京在历史上没有用过的名称是：(　　)

A. 京城　　B. 蓟　　C. 北平　　D. 燕京

3. 北京市管辖的区级行政单位有：(　　)

A. 18 个　　B. 16 个　　C. 14 个　　D. 2 个

4. 普通北京人的传统住房是：(　　)

A. 胡同　　B. 四合院　　C. 高楼　　D. 平房

5. 四合院的颜色是：(　　)

A. 白色　　B. 黑色　　C. 灰色　　D. 黄色

6. 北京有名的菜是：(　　)

A. 鱼香肉丝和宫保鸡丁　　B. 西红柿炒鸡蛋和青椒肉丝

C. 烤鸭和涮羊肉　　D. 麻婆豆腐和糖醋里脊

7. 北京人业余时间喜欢：(　　)

A. 养狗、养鸟儿　　B. 聊天儿、逛街

C. 谈政治、听京剧　　D. 种花儿、养鸟儿

8. “中关村电子公司云集”，“云集”形容电子公司：(　　)

A. 多　　B. 乱　　C. 不稳定　　D. 小

三、下面哪一项不正确或文中没有提到

1. 北京：(　　)

A. 是中国的首都　　G. 地名中多用方位词

B. 在中国北方　　H. 是中国大学最多的城市

C. 有五千多年历史　　I. 私人轿车数量全国第一

D. 中心是故宫　　J. 是中国出租车最多的城市

E. 有许多名胜古迹　　K. 中关村的电子产业很有名

F. 历史上也叫北平　　L. 是外国人学习汉语最理想的城市之一

2. 北京人：（　　）

A. 关心政治　　B. 喜欢聊天儿

C. 喜欢种花儿　　D. 喜欢养鸟儿

四、根据课文完成表格

北京

土地面积：	典型传统住房：
人口：	城市中心：
历史：三千多年	新建筑的代表：
北京语音：普通话语音标准	有名的菜：

你的国家的首都

土地面积：	典型传统住房：
人口：	历史：

五、解释下面句子中加线的词语或写出它们的近义词

1. 北京位于（　　　　）中国北方。
2. 从高空俯瞰（　　　　）北京，这些环行路草木葱笼，鲜花簇拥。
3. 北京的出租车、私人轿车的数量也居全国首位（　　　　）。
4. 北京有许多名人故居（　　　　）。
5. 和全国其他城市相比，北京的高等学府（　　　　）拥有量在全国是最多的。
6. 北京不仅是旅游胜地（　　　　），也是国际文化交流的首选（　　　　）城市。
7. 北京人业余时间（　　　　）喜欢种花儿、养鸟儿。
8. 许多世界知名（　　　　）大企业，在北京都有自己的办事处。

六、根据汉语读音，写出世界知名公司的英语名字

1. 西门子（Xīménzǐ）____SIEMENS____
2. 戴尔（Dài'ěr）________
3. 诺基亚（Nuòjīyà）________
4. 索尼（Suǒní）________
5. 三星（Sānxīng）________
6. 耐克（Nàikè）________
7. 奔驰（Bēnchí）________
8. 卡西欧（Kǎxī'ōu）________

七、填空简要介绍北京

北京位于中国________，是中华人民共和国的________。北京是一座古老的城市，已经有________年历史了，历史上做过________三个朝代的首都。北京城以________为中心，东西对称。北京的________、________和________拥有量最多。北京语音是现代汉语普通话的________，因此，北京是________最理想的城市之一。

普通北京人的传统住房是________，最有名的菜是________和________。北京人关心________，业余时间喜欢________。北京有很多世界知名大企业的办事处，北京海淀区的________是世界闻名的电子城。

5

课　文

汉　语

（马燕华　撰写）

阅读提示：
你了解汉语吗？你知道汉语的特点吗？

1　汉语是汉族的语言，从时间上可以把汉语分为古代汉语和现代汉语，现代汉语是现代汉民族使用的语言。

2　现代汉语标准语叫普通话（pǔtōnghuà，Mandarin）。普通话是现代中国的国家通用语言，外国朋友学习汉语主要是学习普通话。

3　普通话的语音、词汇、语法标准是：以北京语音为标准音，以北方话为基础方言，以典范的现代白话文著作为语法规范。

4　普通话语音系统有21个声母、39个韵母、4个声调、约1200个音节。音节由声母、韵母和声调组成，一般一个汉字是一个音节。

5　声调是汉语区别意义的重要手段。如，“买（mǎi，to buy）”

和“卖（mài，to sell）”，声母都是 m，韵母都是 ai，但是声调不一样，意思也不一样。

6 现代汉语常用汉字有 2500 个，但现代汉语只有约 1200 个音节，因此，汉语同音字比较多。如，读音都是“shí”的汉字有“十（天）、时（间）、食（品）、石（头）、实（际）、识（字）”等多个。

7 语序和虚词是汉语的重要语法手段，语义在语法分析时很重要。如“上车”和“车上”用的是同样的字，语序不一样，意思也不一样；“上车”指动作，“车上”指地方。又如“我和朋友”和“我的朋友”，“和”表示并列，“的”表示偏正。

8 普通话中约 85% 以上的词是双音节词，但是基本词汇中单音节词占多数，如“人、饭、吃、走、好、大”等。这些词稳定，常用，是初学汉语者应该学好的重点词汇。

9 汉语在几千年的发展演变中，受地域、时间等条件限制，形成了八种比较有影响的地方话，又叫方言（fāngyán，dialect）。它们是：以北京话为代表的北方方言、以上海话为代表的吴（Wú）方言、以长沙话为代表的湘（Xiāng）方言、以南昌话为代表的赣（Gàn）方言、以广东梅县话为代表的客家方言、以广州话为代表的粤（Yuè）方言、以福州话为代表的闽（Mǐn）北方言、以厦门话为代表的闽南方言。其中北方方言使用人口最多，约占汉族人口的 70% 以上。闽南方言和粤方言在海外华人中使用比较广泛。各种方言之间语音差别最大，如“问”，北京话读 wèn，广东话读 men；词汇也有差别，如北京话说“玩儿”，上海话说“白相”；语法差别比较小。

10 汉语用汉字记录，汉字是一种表意文字，它用表示意义的符号来记录汉语的词（语）的意思。

11 由于各种方言都用汉字作为记录符号，因此尽管各种方言之间存在语音、词汇等方面的差别，但是任何一种方言始终都没有演变成为另一种语言，汉字起了非常重要的稳定作用。

汉　字

（马燕华　撰写）

阅读提示：
你了解汉字的特点吗？你知道怎样分析解释汉字吗？

1　汉字是记录汉语的书写符号系统，是一种古老的文字，已经有三千多年历史了。

2　汉字是表意文字，它用一定的图形符号来记录汉语词（或语素）的意思，字形不直接表示读音。如，汉字用山的形状来记录汉语中表示“地面形成的高耸的部分”这个词的意思，用火燃烧时的形状来记录汉语中表示“物体燃烧时所发的光和焰”这个词的意思；英语则分别用 mountain、fire 来记录。

3　像英语这样直接记录语言中词的读音的文字叫表音文字。世界上很多语言都是用表音文字来记录的，像记录英语、法语等语言的文字。

4　表意文字和表音文字是不同类型的文字，因此，学习方法也不完全一样。学习汉字，不仅要记住汉字的字形、读音，还要学会分析和解释字形、字义。

5　古代中国人根据当时社会发展水平和自己对汉语词义的理解，在汉字系统中选择一定的图形来造字。如，他们选择“羊”和“大”来记录汉语中表示“美好”意思的词“美”，选择“人”和“木（树）”表示人靠在树上，来记录汉语中表示休息的词“休”。

6　为了更好地分析、解释汉字，后来人们总结了古人最常用的四种造字方法。

7 第一种是"象形"，即用描绘事物形状特征的方法来造字。如，"鼠（shǔ，mouse）"，描绘鼠的形状，突出鼠的牙齿和尾巴。

8 第二种是"指事"，即在字形上加上某种符号提示意义来造字。如，"本"，在木（树）的下部加一横，表示这里是树根（shùgēn，tree root）。

9 第三种是"会意"，用几个偏旁合起来造出新字。如，"男"字用"田""力"合在一起表示男人，因为男人是在田里出力的人。

10 第四种是"形声"，用一个提示事物类别的偏旁，加上一个提示读音的偏旁来造字。如，"城"，左边"土"提示意义，右边"成"提示"城"的读音。

11 象形、指事、会意、形声可以用来分析、解释绝大多数汉字的字形、字义。

12 外国人学习汉字，明白下面三点非常重要。

13 第一，字义和词义不完全一致。如，"初"由"衤（衣服）"和"刀"组成，字义是做衣服要从裁剪衣服开始。"初"的词义是"事物的开始、第一次"等，词义和"衣服""刀"没有直接关系，只是反映了中国古人对"初"这个词义的一种认识。

14 第二，形声字中绝大部分表示读音的偏旁现在都不能表示汉字的准确读音了。如，"妈"中提示读音的偏旁"马"的读音是 mǎ，而"妈"的读音是 mā。

15 第三，经过字形分析的汉字，容易记住。学会了一些汉字以后，遇到不认识的汉字，你就可以通过分析字形猜测它的意思了。

16 学会自己完全不熟悉的文字，是对学习能力的挑战。你准备好了吗？

练 习

汉 语

一、判断正误

1. 汉语是汉族的语言。 ( )
2. 普通话是现代汉语标准语。 ( )
3. 现在中国的国家通用语言是普通话。 ( )
4. 现代汉语比较有影响的方言有四种。 ( )
5. 北方方言是使用人口最多的方言。 ( )
6. 北京话不是普通话。 ( )
7. 中国南方的方言区比较多。 ( )
8. 住在外国的华人说厦门话或广州话的比较多。 ( )
9. 各种方言之间词汇差别最大。 ( )
10. 汉字是记录普通话的书写符号。 ( )
11. 汉语一般是一个汉字一个音节。 ( )
12. 声调是汉语区别意义的重要手段。 ( )
13. 广东话不是汉语。 ( )
14. 方言没有演变成另外一种语言，主要是因为使用方言的人都是中国人。 ( )

二、根据课文填空

1. 现代汉语是____________________。

2. 现代汉语普通话以__________为标准音，以__________为基础方言，以__________为语法规范。

3. 普通话有__________个声母、__________个韵母、__________

个声调、约________个音节。

4. 音节由________、________和________组成，一般一个汉字是一个音节。

5. 现代汉语有________以上的词是双音节词，但是________中单音节词占多数。

6. 汉语受地域、时间等限制，形成了比较有影响的地方话，又叫________；现代汉语有________种比较有影响的方言。

7. 有________的汉族人使用北方方言。

8. 北京话是________的代表，上海话是________的代表。广州话是________的代表。

三、简答题

1. 根据拼音，写出两个同音字并分别组成词语。

例：gōng 公（公司）、工（工作）

（1）zài________　　（4）míng________

（2）shí________　　（5）diàn________

（3）nán________　　（6）yǔ________

2. 举出两个例子，说明声调是汉语区别意义的重要手段。

例：买（mǎi）可乐、卖（mài）可乐

3. 写出六个常用的单音节基本词。

例：人、手、口

四、用下列词语造句

1. 上楼：________________

2. 楼上：________________

3. 好买：________________

4. 买好了：________________

五、填空概括课文主要内容

汉语是________的语言。现代汉语是________的语言。现代汉语的标准语是________。普通话有________个声母、________个韵母、________个声调。声调是汉语________重要手段。________和________是汉语重要的语法手段。现代汉语有________种主要方言。汉语用________记录。

汉 字

一、根据课文填空

1. 汉字是________符号，已经有________年历史了。

2. “汉字是表意文字”，意思是________________。

3. “记录英语的文字是表音文字”，意思是________________。

4. 后来人们总结了古人最常用的________种造字方法，它们是：________________________________。

5. 象形，意思是________________。

6. 指事，意思是______________________________。

7. 会意，意思是______________________________。

8. 形声，意思是______________________________。

二、判断正误

1. 汉字是表意文字。（　　）
2. 汉字是记录汉语词的意义的文字。（　　）
3. 汉字是一种古老的文字。（　　）
4. 学习汉字的方法和学习英语词汇的方法一样，只要记住发音就可以了。（　　）
5. 古代中国人主要用象形、指事、会意、形声四种方法来造字。（　　）
6. 汉字的字义和它所记录的汉语词义完全一样。（　　）
7. 形声字的读音和它的提示读音的偏旁完全一样。（　　）
8. 经过字形分析的汉字容易记住。（　　）
9. 认识的汉字越多，对生字的意义的猜测能力就越强。（　　）

三、选出下列汉字的造字类型

A. 象形　B. 指事　C. 会意　D. 形声

1. 人（　　）　　7. 休（　　）
2. 口（　　）　　8. 车（　　）
3. 女（　　）　　9. 明（　　）
4. 妈（　　）　　10. 本（　　）
5. 爸（　　）　　11. 网（　　）
6. 手（　　）　　12. 钟（　　）

四、写出下列汉字的形旁

例：妈（女）

1. 你（　　）　2. 忙（　　）　3. 胖（　　）

4. 问（ ）　　9. 往（ ）　　14. 室（ ）
5. 烟（ ）　　10. 打（ ）　　15. 场（ ）
6. 仔（ ）　　11. 话（ ）　　16. 远（ ）
7. 纸（ ）　　12. 姓（ ）　　17. 贵（ ）
8. 昨（ ）　　13. 裙（ ）　　18. 茶（ ）

五、根据课文完成表格

记录相同意思的不同语言的词汇形式

英语	汉语	你的国家的语言
red		
black		
teacher		
book	书	
to eat		
to walk	走	

六、填空概括课文主要内容

汉字是__________符号，已经有__________历史。汉字用图形记录汉语词的__________，是__________文字。后来人们总结了古人最常用的四种造字方法，它们是：__________、__________、__________、__________。外国人明白下面三条对学习汉字很有帮助：第一，____________________；第二，____________________；第三，____________________。

七、简答题

说说你有哪些学习汉语、汉字的好方法。

6

课　文

成语八则

阅读提示：
你读过中国的成语故事吗？这些故事通俗易懂又耐人寻味。

（一）拔苗助长（bámiáo-zhùzhǎng）

1　古时候有个人，他希望自己田里的禾苗（hémiáo，cereal seedling）长得快些，天天到田边去看。可是一天、两天、三天，禾苗好像一点儿也没有长高。他在田边焦急地转来转去，自言自语地说："我得想个办法帮它们长高些。"

2　一天，他终于想出了办法，就急忙跑到田里，把禾苗一棵一棵往上拔，从中午一直忙到太阳落山，弄得筋疲力尽。

3　他回到家里，一边喘气一边说："今天可把我累坏了！力气总算没白费，禾苗长高了一大截。"

4　他儿子不明白是怎么回事，急忙跑到田里去看，禾苗都枯死了。

（二）守株待兔（shǒuzhū-dàitù）

（李典 绘）

1 古时候有个种田人，一天，他在田里干活，忽然看见一只兔子（tùzi，rabbit）从树林里飞快地跑出来，一头撞在田中的树桩上，撞死了。

2 种田人急忙跑过去，没花一点儿力气，白捡了一只又肥又大的兔子。他乐滋滋地带回家去煮了吃，心里想：要是能每天捡一只兔子，那该多好啊。

3 从此他丢下了锄头，整天坐在田边等着，看有没有兔子再跑来撞死在树桩上。日子一天一天过去了，他再也没有捡到撞死的兔子。他的田里却长满了野草，庄稼全完了。

（以上二则选自《课外阅读·第八册》，黑龙江教育出版社，1997年，个别文字有改动）

（三）自相矛盾（zìxiāngmáodùn）

1 有一个制作兵器（bīngqì，weapon）的楚国人，一天带着他自己制作的矛（máo，spear）和盾（dùn，shield）到集市上去卖。他向人们夸自己的兵器好。

2 他先拿起盾来，说："我的盾是世界上最坚固的，任何锐利的矛也别想把它刺穿！"然后，他又拿起矛来，说："我的矛是世界上最锐利的，不论多坚固的东西，它都能刺穿！"旁边一个人问道："那么，用你的矛刺你的盾，会怎么样呢？"

3 那位楚国人顿时张口结舌，不知怎么回答才好。

（四）滥竽充数（lànyú-chōngshù）

1 齐宣王很喜欢听吹竽（yú，an ancient wind instrument）大合奏（hézòu，instrumental ensemble），每次听的时候，总是让几百个人一齐吹。有位南郭先生根本不会吹竽，因为给齐宣王表演吹竽能得到很高的待遇，生活得很好，于是南郭先生就混在吹竽的乐队里，大合奏时装作十分认真吹竽的样子。齐宣王听完乐曲很高兴，给每位乐手很高的待遇，南郭先生也得到了这种待遇。

2 过了几年，齐宣王死了。他的儿子齐湣（mǐn）王继位，当了国王。齐湣王也很喜欢听吹竽，但是，他不喜欢听合奏，而是喜欢听独奏（dúzòu，instrumental solo），他让乐队的乐手一个一个地吹给他听。这一下，南郭先生再也混不下去了，只好连夜收拾行李溜走了。

（五）画蛇添足（huàshé-tiānzú）

1 有一天，几个人得到了一壶好酒。他们商量说："一壶酒，咱们几个人分着喝太少了，如果一个人喝就绰绰有余。咱们现在来个画蛇（shé，snake）比赛，谁先画好一条蛇，这壶酒就归谁一个人喝。”

2 于是，他们都在地上画起蛇来。

3 有一个人画得最快，转眼之间就把蛇画成了。他得意地拿起酒壶来，刚要喝，看到那几个人还没有画完，就说：“啊！我还能给蛇添上几只脚呢！”

4 正在他画蛇脚的时候，另一个人的蛇已经画好了。那个人一把夺过酒壶，对画蛇脚的人说：“蛇是没有脚的，你怎么给蛇画脚呢？这壶酒应当我喝。”说完，他端起酒壶一个人把酒喝完了。

5 画蛇脚的人愣在那儿，半天说不出话来。

（六）亡羊补牢（wángyáng-bǔláo）

1 从前，有个人养了一群羊。一天早上他去放羊时，发现少了一只羊。他仔细检查了一下羊圈（yángjuàn，sheepfold），发现羊圈破了一个洞，心想一定是狼晚上从这个洞钻进去，吃掉了羊。邻居对他说：“你虽然丢了一只羊，但是现在把羊圈修补好还不晚。”这个养羊人却说：“羊已经丢了，修补羊圈还有什么用呢？”

2 第二天早上他去放羊时，发现又少了一只羊。原来狼又从那个洞钻进去吃掉了一只羊。这时他才认识到邻居的话是对的。他赶紧动手把羊圈修补好。从此以后，他的羊再也没丢了。

（七）郑人买履（zhèngrén-mǎilǚ）

1 从前有个郑国人，一天想去集市（jíshì，market）上给自己买一双鞋。他先在家用绳子比着自己脚的长度做了一个尺码（chǐmǎ，size），但是，在集市上买鞋的时候，他才发现自己用绳子做的尺码没有带来，忘在家里了。于是他放下鞋，急急忙忙跑回家去取自己做的尺码。等到他再赶回集市时，鞋店早已关门了。他当然也没买成鞋。

2 有人问他："你何必赶回家去取尺码呢？你给自己买鞋，用你自己的脚试一下要买的鞋不就可以了吗？"

3 他说："我只相信尺码，不相信我的脚。"

（八）鹬蚌相争（yùbàng-xiāngzhēng）

1 在一条清清的小河边，一只河蚌（hébàng，clam）张开两片硬壳，在暖融融的河滩上舒舒服服地晒着太阳。一只鹬鸟（yùniǎo，snipe）飞来找食，看到河蚌张开了硬壳，张嘴就去啄它的肉。河蚌急忙把两片硬壳合起来，紧紧夹住鹬鸟长长的尖嘴不放。鹬鸟挣脱不开，就大声叫道："今天不下雨，明天不下雨，你就会渴死！"河蚌说："我今天不放你，明天不放你，你就会饿死！"

2 它们俩相持不下，谁也不肯放松，都想把对方弄死。

3 一个渔翁（yúwēng，old fisherman）路过这里，把它们俩一块儿捉走了。

（以上六则选自《中国神话寓言》，北京师范大学出版社，1992 年，个别文字有改动）

练　习

（一）

一、判断正误

1. 这个人希望自己田里的禾苗长得快一些。（　　）
2. 他用拔高禾苗的方法让禾苗长高了。（　　）
3. 他认为他这种方法不错。（　　）
4. 他的禾苗都死了。（　　）

二、单项选择

1. “（他）从中午一直忙到太阳落山”，“太阳落山”的意思是：（　　）
   A. 下雨　　B. 傍晚
   C. 阴天　　D. 出太阳
2. “（他）弄得筋疲力尽”，“筋疲力尽”形容：（　　）
   A. 病了　　B. 很累
   C. 受伤了　　D. 浑身疼
3. 这个人拔高禾苗，是为了：（　　）
   A. 让禾苗长得更高　　B. 让禾苗长得更快
   C. 让禾苗好看一些　　D. 让自己高兴
4. 下面哪项不正确或文中没有提到：（　　）
   A. 这个故事发生在古代　　B. 他在田里忙了一天拔高禾苗
   C. 他拔高的禾苗都死了　　D. 他的儿子和他一起拔高禾苗
5. 根据本文，下面不正确的是：（　　）
   A. 他家的禾苗长得不快　　B. 他家的禾苗长得不高
   C. 违反自然规律办事一定会失败　　D. 这个人不聪明

三、词语练习

1. 今天可把我累坏了！

“累坏”意思是很累。汉语用“形容词 / 动词 + 坏”说明一种状态或动作的程度。如，“气坏了”意思是很生气。用“形容词 / 动词 + 坏”造一个句子。

2. 力气总算没白费。

“白费”，意思是花了力气但没有效果。“白”在动词前面形容做了这件事，但是没有效果。用“白 + 动词”造一个句子。

3. 禾苗都枯死了。

“枯死”指因为缺水干枯而死。“枯”是限制“死”的方式的，说明怎么死的。根据条件写出“～死”的短语。

（1）因为生病而死，写作____________

（2）因为太累而死，写作____________

（3）被人殴打而死，写作____________

（4）因为没有东西吃而死，写作____________

（二）

一、判断正误

1. 这只兔子自己撞死了。（　　）
2. 这个种田人意外得到了一只兔子，很高兴。（　　）
3. 这个种田人还想再这样得到兔子。（　　）
4. 后来这个种田人一边种田一边等着再捡到撞死的兔子。（　　）
5. 这个种田人田里的庄稼没有收获。（　　）

二、单项选择

1. 这个种田人得到了一只撞死的兔子，因为：（　　）

A. 兔子跑得太快了　　B. 那个树桩太大了

C. 那儿兔子太多了　　D. 那儿树桩太多了

2. “守株待兔” 的 “株” 意思是：(　　)

A. 树　B. 树根　C. 树枝　D. 树桩

3. “他的田里却长满了野草，庄稼全完了。” “庄稼全完了” 意思是：(　　)

A. 庄稼都死了　B. 庄稼长好了

C. 庄稼种完了　D. 庄稼没有收获

4. “守株待兔” 告诉我们：(　　)

A. 不花力气也可以捡到兔子　B. 兔子会自己撞死

C. 种田人可以靠捡撞死的兔子生活　D. 不能把偶然情况当成正常情况

（三）

一、单项选择

1. “他向人们夸自己的兵器好”，“夸” 的意思是：(　　)

A. 大声说话　B. 说话夸大事实

C. 说假话　D. 乱说

2. “那位楚国人顿时张口结舌”，“顿时” 意思是：(　　)

A. 立刻　B. 停止

C. 停了一段时间　D. 停顿的时间

3. “那位楚国人顿时张口结舌”，“张口结舌” 意思是：(　　)

A. 说话不清楚　B. 说话不流利

C. 不知道怎么回答　D. 有很多话说不出来

二、简答题

1. 这个楚国人是怎么夸自己的兵器的？

2. 你认为这个楚国人说的话是真的吗？

（四）

一、判断正误

1. 齐宣王是齐湣王的父亲。（　　）
2. 齐宣王对南郭先生很好。（　　）
3. 齐湣王爱听独奏。（　　）
4. 南郭先生不会吹竽。（　　）
5. 南郭先生因为吹竽吹得不好，被齐湣王辞退了。

二、单项选择

1. "有位南郭先生根本不会吹竽"，"根本"意思是：（　　）

A. 完全　　B. 不太会
C. 本来　　D. 原来

2. "吹竽能得到很高的待遇"，"很高的待遇"指：（　　）

A. 很有礼貌的接待　　B. 报酬等丰厚
C. 很有诚意的对待　　D. 很享受

3. "他的儿子齐湣王继位"，"继位"意思是：（　　）

A. 继承王位　　B. 去别的国家当国王
C. 继续当国王　　D. 让别人当国王

4. "南郭先生再也混不下去了"，"混不下去了"意思是：（　　）

A. 不能继续装会吹竽了　　B. 不能在这儿生活了
C. 没有钱生活了　　D. 不能像以前一样生活了

5. "南郭先生只好连夜收拾行李溜走了"，"连夜"意思是：（　　）

A. 当天晚上　　B. 接连几个晚上
C. 连忙　　D. 白天和晚上

6. "南郭先生只好连夜收拾行李溜走了"，"溜走了"意思是：（　　）

A. 悄悄地离开了　　B. 滑行
C. 沿着路边离开了　　D. 快速地离开了

三、简答题

如果齐湣王也爱听合奏，故事的结尾会变成什么样？

（五）

一、单项选择

1.“如果一个人喝就绰绰有余”，“绰绰有余”意思是：（　　）

A. 刚好够喝　　B. 喝了还能剩下不少

C. 喝了还能剩下一点儿　　D. 很好喝

2.“有一个人画得最快，转眼之间就把蛇画成了。”“转眼之间”形容：（　　）

A. 很快　　B. 很容易

C. 很不仔细　　D. 很生气

3.“他得意地拿起酒壶来”，“得意”意思是：（　　）

A. 很意外　　B. 很满意

C. 很高兴　　D. 很仔细

4.“画蛇脚的人愣在那儿，半天说不出话来。”“愣在那儿”形容：（　　）

A. 很生气　　B. 很吃惊

C. 很不同意　　D. 很满意

5.“半天说不出话来”形容：（　　）

A. 很痛苦　　B. 几个小时没说话

C. 很生气　　D. 不知道该说什么

6. 他们比赛画蛇，是为了：（　　）

A. 看谁画的蛇最像　　B. 看谁画蛇最快

C. 看谁能一个人喝那壶酒　　D. 看谁会画画儿

二、按照课文内容将下列句子重新排序

A. 这几个人决定来个画蛇比赛，先画好一条蛇的人，可以喝这壶酒。
B. 有一个人很快就画完了，他还要给蛇画上几只脚。
C. 有一天，几个人得到了一壶好酒。
D. 那个人的蛇脚还没画好，另一个人已经画好了一条蛇。
E. 那个画蛇脚的人愣在那儿，半天说不出话来。
F. 另一个画好了蛇的人，端起酒壶把酒喝完了。

排序：①______ ②______ ③______ ④______ ⑤______ ⑥______

（六）

一、判断正误

1. 这个养羊人丢的第一只羊是自己走丢的。（ ）
2. 这个养羊人看见狼吃掉了他的羊。（ ）
3. 这个养羊人丢的第二只羊是被狼吃掉的。（ ）
4. 羊圈是羊住的地方。（ ）
5. 狼是从羊圈上跳进去吃羊的。（ ）
6. 邻居劝他修补羊圈，因为已经丢了一只羊。（ ）
7. 养羊人开始认为邻居说得不对。（ ）
8. 丢了第二只羊，养羊人才觉得邻居劝他修补羊圈是对的。（ ）

二、简答题

如果这个养羊人一直不修补他的羊圈，你觉得结果会怎么样？

（七）

一、判断正误

1. 这个郑国人想给自己买一双鞋。（ ）
2. 这个郑国人买鞋之前在家先用绳子量好了自己脚的大小。（ ）
3. 这个郑国人最后没买成鞋，是因为他出门太晚了。（ ）
4. 这个郑国人忘了可以用自己的脚试一试新鞋。（ ）

二、单项选择

1. “郑人买履”的“履”意思是：（ ）

A. 鞋　　B. 鞋的尺码

C. 系鞋的绳子　　D. 量脚的绳子

2. “你何必赶回家去取尺码呢？”“何必”意思是：（ ）

A. 什么　　B. 为什么一定要

C. 怎么　　D. 为什么

3. 这个郑国人最后没有买成鞋，是因为：（ ）

A. 他回家拿来鞋的尺码时，鞋店已经关门了

B. 他忘了带鞋的尺码，不能试鞋

C. 鞋店没有适合他的尺码

D. 鞋店没有他喜欢的样子

（八）

一、判断正误

1. 这只河蚌在小河边晒太阳。（ ）
2. 这只鹬鸟想吃河蚌的肉。（ ）
3. 鹬鸟希望河蚌饿死。（ ）
4. 河蚌希望鹬鸟渴死。（ ）
5. 渔翁没有花任何力气就得到了河蚌和鹬鸟。（ ）

二、单项选择

1. "鹬蚌相争"的"相争"意思是：(　　)

A. 打架　　B. 争吵

C. 骂人　　D. 争出胜负

2. "它们俩相持不下，谁也不肯放松，都想把对方弄死。""相持不下"意思是：(　　)

A. 坚持不下来　　B. 坚持不了

C. 互相坚持不退让　　D. 互相看守

3. "一个渔翁路过这里"，"渔翁"指：(　　)

A. 老年男人　　B. 爱吃河蚌的人

C. 生活在河边的人　　D. 靠打鱼生活的男人

三、下面哪一项不正确或文中没有提到

1. 河蚌：(　　)

A. 长着两片硬壳　　B. 最后被鹬鸟吃掉了

C. 想把鹬鸟弄死　　D. 用硬壳夹住了鹬鸟的嘴

2. 鹬鸟：(　　)

A. 嘴又长又尖　　B. 想吃河蚌

C. 想把河蚌弄死　　D. 吃掉了河蚌

四、简答题

想想河蚌和鹬鸟在渔翁的袋子里会发生什么故事，续写故事结尾。

7

课　文

中国地理

（马燕华　编写）

阅读提示：
你了解中国地理吗？你知道为什么中国的河流都是从西向东流吗？你知道中国地理对中国人日常生活的影响吗？

1 中国有约960万平方公里的陆地面积，南北长约5500公里，东西长约5200公里，从地图上看，中国像一只面朝东方、翘首挺立的雄鸡。

2 中国地势西高东低，境内大部分河流日夜不息滚滚向东流去。在地势较高的西部有三大高原（gāoyuán，plateau）：青藏（Qīng-Zàng）高原、黄土高原和云贵（Yún-Guì）高原。

3 青藏高原主要分布在青海省和西藏自治区，是三个高原中最高的，平均海拔4000米以上，有"世界屋脊（wūjǐ，roof ridge）"的称号。1954年中国政府修建了青藏公路，开辟了通往青藏高原的交通道路。2006年又建成了青藏铁路（tiělù，railway），现在去"世界屋脊"领略雪域高原的美丽与神奇，已不再是奢望。黄土高原主要分布在山西省和陕西省。这里气候干燥，缺少雨水，土质坚硬，形成了很有地方特色的民居建筑——窑洞（yáodòng，cave dwelling）。窑洞是在黄土中挖成的住房，有些人家窑洞里的床、桌子也是挖成的。窑洞经济实用，冬暖夏凉。云贵高原主要分布在云南省和贵州省。

4 中国东部有三大平原（píngyuán，plain）。最东边的是东北平原，这里土地黝黑肥沃，盛产小麦、大豆，是中国的“大粮仓”，有“北大仓”的美称。华北平原包括山东省、河南省、河北省、北京市、天津市等广大地区。当你乘坐列车奔驰在辽阔的华北平原上时，马上就会想起“天高地广”“势如骏马奔平川”等词句。长江中下游平原在南方，面积比前两个小一点儿。这在丘陵众多、河汉密布的南方已经很难得了。

5 中国东部和南部有1.8万多公里的大陆海岸线。沿海地区自古以来经济发展较快。1978年改革开放以来，沿海经济飞速发展，出现了深圳（Shēnzhèn）、厦门等经济特区。深圳于1980年定名为“经济特区”，是中国政府最早批准的经济特区，当初它只是一个小渔村（yúcūn，fishing village），现在它已经是一座拥有一千二百多万人口的新型城市了。深圳市历史很短，只有三十多年时间，居民来自祖国四面八方，它是中国唯一一个没有方言的城市。

6 中国从南到北约5500公里，纬度（wěidù，latitude）跨度很大，全国各地气候差别很大。十二月，哈尔滨人已经穿着裘皮（qiúpí，fur）大衣观赏冰灯了，海南人却在穿着裙子吃西瓜呢。另外中国从东到西约5200公里，经度（jīngdù，longitude）相差60度，虽然都用北京时间，但是东部和西部的时间相差4个小时。每年全国高等学校入学统一考试9:00开始，但是新疆维吾尔自治区的考生天还没有亮就要顶着星星赶往考场。

大禹治水

（马燕华　编写）

阅读提示：
如何治理洪水？是修筑堤坝堵住洪水，还是疏通河道让洪水流入大海？大禹是中国古代善于治理洪水的著名人物，他是怎么治好洪水的呢？

1　夏禹（Yǔ），姓姒（Sì），名文命，是四千多年前黄河流域一个部落联盟（bùluò liánméng，union of tribes）的领袖，“夏”是他的封号。后来人们为了表示对他的尊敬，又称他为大禹。

2　在大禹生活的那个时代，到处是洪水（hóngshuǐ，flood），洪水淹没了土地，围住了高山，老百姓十分担心、害怕。这时的部落领袖叫尧（Yáo），他到处寻找能治理洪水的人，许多人都说鲧（Gǔn）可以完成这个任务，鲧是搞建筑的，筑墙修路很有经验。尧说：“鲧这个人很骄傲，跟周围的人关系不太好，让他去治理洪水不行。”但是大家说：“和其他人比起来，找不到比鲧更好的人了，还是让他试试吧。”这样，尧就让鲧去治理洪水。但是九年过去了，洪水并没有治理好。

3　后来舜（Shùn）当了部落领袖。舜外出检查鲧治理洪水的情况，发现一点儿效果也没有，十分生气，就把鲧赶到羽山去了，一直到鲧最后死在那里。大家都认为舜做得对。后来舜推荐鲧的儿子禹接替他父亲的工作，继续治理洪水。

4　大禹很感谢舜对自己的信任，他和益、后稷（Hòujì）等人共同接受了治理洪水的任务。大禹自从接受舜交给的任务以后，就一直在想怎样才能把洪水治理好。他常常思考为什么父亲辛辛苦苦工作了九年，不但没治理好洪水，还被赶到荒凉的羽山去了，最后死在那里。大禹认为父亲治水失败的原因是方法不对，父亲用的是“堵塞（dǔsè，to block）”的办法，结果，越堵水越大，到处是洪水。因此，大禹认为这次不能用父亲的办法，要用“疏导（shūdǎo，to dredge）”的办法，把洪水引入大海。

5 大禹让所有的老百姓一起参加治理洪水的工作。他们首先测定高山大河的情况，立下木桩，上面记着测定的数字，为疏通（shūtōng，to dredge）水道做准备。大禹时时刻刻都想着早日把洪水治好，风里来雨里去，日夜不停地努力工作，皮肤晒得很黑，人也很瘦，由于一年到头不穿鞋袜，卷着裤管在治水工地上劳动，他腿上的汗毛都磨掉了。

6 本来大禹家比较富裕，但是在治理洪水的日子里，大禹生活很朴素，穿破旧的衣服，吃粗糙的饭菜，住低矮的房子，把节省下来的钱用来治水。他经常左手拿着测量的绳子，右手拿着测量的尺子，坐船观察河流，坐橇（qiāo）观察沼泽地（zhǎozédì，marsh），穿着铁齿鞋穿山越岭，带领大家疏通水道。大禹为了治理洪水，在外面工作了十三年，有三次路过自己家门口，都没有进去看看。他和妻子结婚不久就离开家，忙着去治理洪水了。儿子启出生，大禹也没回家看一下。

7 在大禹的领导下，这次治理洪水的工作取得了很大的成绩，他们疏通了九条大河，凿开（záokāi，to bore）了九座大山，修筑（xiūzhù，to build）了九条堤坝（dībà，dyke），治理了九个大湖，开辟出了九州大地，使洪水按人们的要求，流入了设计好的水道，静静地流入大海，并且为农业生产服务。大禹还教住在相对低矮、潮湿地方的人们种水稻（shuǐdào，rice）。

8 经过这次治水，情况和以前大不一样了。洪水没有了，河道疏通了，过去被淹（yān，to submerge）的土地上长出了丰收的水稻，老百姓生活好了，部落的收入也多了，人们对大禹的工作满意极了。舜特地奖给了大禹一块黑色的玉圭（yùguī，jade tablet），表扬（biǎoyáng，to commend）他治水的功劳。

9 后来舜向大家推荐大禹做自己的接班人。在人们的坚决拥护下大禹面向南方，接受了人们的请求，在阳城正式成为部落领袖，继续带领大家向前走。

10 后来大禹的儿子启当上了国君，国号就用大禹的封号“夏”，建立了夏朝。夏朝是中国历史上第一个朝代，启是夏朝的第一个国君。

11 大禹治水的功劳永远为后代所称赞，他给人们带来了巨大的精神力量。几千年来，许许多多的人都在以他为榜样，为国家、为人民流血流汗，辛勤工作。

（选自《中国古代历史人物故事·先秦卷》，北京语言大学出版社，2005年，个别文字有改动）

练 习

中国地理

一、判断正误

1. 从地图上看中国像一只雄鸡。 ( )
2. 冬天中国各地都很冷。 ( )
3. 中国的三大平原有两个在北方。 ( )
4. 中国的河流都往东流。 ( )
5. 中国的经济特区都在广东省。 ( )
6. 中国历史上一直有经济特区。 ( )
7. 中国南北温度相差很大。 ( )
8. 中国东部和西部有时差。 ( )
9. 青藏高原是中国最高的地区，也是世界最高的地方。 ( )
10. 2006 年以后有了通往西藏的铁路。 ( )

二、根据课文填空

1. 中国有约________平方公里的陆地面积。

2. 中国的地势特点是________。

3. 中国西部的三大高原是________、________、________。

4. “世界屋脊”的意思是________，指中国的________。

5. 1954 年中国建成了________。

6. 2006 年中国建成了________。

7. ______________是黄土高原特有的民居建筑。

8. 云贵高原中的“云”指______________，“贵”指______________。

9. 中国的三大平原是______________、______________、______________。

10. 中国的“大粮仓”指______________，因为______________。

11. 华北平原包括山东省、河南省、_______、_______、_______等广大地区。

12. 深圳经济特区过去是一个______________。

13. 深圳市是中国唯一一个______________城市，因为______________。

三、单项选择

1.“现在去‘世界屋脊’领略雪域高原的美丽与神奇，已不再是奢望。”意思是：(　　)

A. 以前去“世界屋脊”领略雪域高原的美丽与神奇，是不可能的事

B. 现在去“世界屋脊”领略雪域高原的美丽与神奇，是很难实现的事

C. 以前去“世界屋脊”领略雪域高原的美丽与神奇，是很容易实现的事

D. 以前人们不应该有去“世界屋脊”领略雪域高原的美丽与神奇的想法

2.“长江中下游平原在南方……这在丘陵众多、河汊密布的南方已经很难得了。”意思是：(　　)

A. 南方很少有平原

B. 长江中下游平原有很多丘陵、河汊

C. 南方有很多平原、丘陵、河汊

D. 南方很少有丘陵、河汊

3.“十二月，哈尔滨人已经穿着裘皮大衣观赏冰灯了，海南人却在穿着裙子吃西瓜呢。”意思是：(　　)

A. 哈尔滨人喜欢穿裘皮大衣　　B. 海南岛人喜欢吃西瓜

C. 中国南北温度差别很大　　D. 中国南北的习惯不一样

4.“……天还没亮就要顶着星星赶往考场”，“顶着星星”形容：(　　)

A. 起得很早　　B. 睡得很晚

C. 天气很好　　D. 天气不好

四、下面哪一项不正确或文中没有提到

1. 青藏高原：(　　)

A. 在中国的东南部　　B. 是世界最高的地方

C. 2006 年修通了铁路　　D. 可以看到雪

2. 窑洞：(　　)

A. 是在黄土中挖成的住房　　B. 是陕西省有特色的建筑

C. 是很小很暗的房子　　D. 冬天暖和，夏天凉快

3. 东北平原：(　　)

A. 土地肥沃　　B. 小麦、大豆产量很高

C. 有中国“大粮仓”的美称　　D. 气候寒冷

4. 深圳经济特区：(　　)

A. 改革开放以后出现　　B. 说广东话

C. 在中国沿海地区　　D. 经济发展很快

五、填空概括课文主要内容

中国有约______________的陆地面积，从地图上看，中国像______________。

中国地势特点是______________，因此，中国境内大部分河流都是______________。中国有三大高原，它们是______________，都在中国的______________。中国还有三大平原，它们是______________，前两个在______________，后一个在______________。

中国从南到北约 5500 公里，纬度跨度大，全国各地气候______________。中国从东到西约 5200 公里，东部和西部时间______________。

大禹治水

一、根据课文填空

1. 禹姓________________，名________________，他是________________。“夏”是他的________________，“大禹”是________________。

2. 鲧是禹的________________，鲧筑墙修路很有经验，________________让鲧去治理洪水，鲧工作了九年，仍然没有治理好洪水，因为他是用________________的办法治理洪水。结果被赶到________________，最后________________。

3. 大禹吸取了鲧治水失败的教训，决心要用________________的办法治理洪水，把洪水________________。

4. 大禹治理洪水取得了很大的成绩，他们________________了九条大河，________________了九座大山，________________了九条堤坝，________________了九个大湖，________________了九州大地。洪水终于按人们的要求________________。

5. 大禹为了治理洪水，在外面工作了________________，有________________次路过家门口，都没有进去看一下，连儿子启出生都没有回家。

6. 中国历史上第一个朝代是________________，启是________________。

7. 大禹治水的故事带给人们的精神力量是________________________________。

二、判断正误

1. 大禹是部落领袖。（　　）
2. “大禹”是人们对他的尊称。（　　）
3. 禹、大禹、夏禹是三个人。（　　）
4. 大禹的父亲治水失败了。（　　）
5. 舜让鲧在羽山好好度过晚年。（　　）
6. 大禹为了治理洪水，三次路过家门口都没有进去看一下。（　　）
7. 大禹用堵塞的办法治理洪水。（　　）

8. 大禹和益、后稷共同治理洪水。（ ）
9. 大禹用十三年时间治好了洪水。（ ）
10. 大禹治水有功劳，受到了舜的表扬。（ ）
11. 大禹教人们种水稻。（ ）
12. 大禹认为自己治水有功劳，想当领袖。（ ）
13. 大禹的儿子是夏朝的第一个国君，国号用大禹的封号“夏”。（ ）
14. 夏朝的第一个国君是启。（ ）
15. 大禹治水的故事带给人们巨大的精神力量。（ ）

三、下面哪一项不正确或文中没有提到

1. 鲧：（ ）

A. 是夏禹的父亲
B. 跟周围的人关系不太好
C. 用疏通的方法治理洪水
D. 治理洪水失败了
E. 筑墙修路很有经验
F. 很骄傲
G. 治理洪水九年
H. 死在羽山

2. 大禹：（ ）

A. 是鲧的父亲
B. 是部落领袖
C. 治理洪水十三年
D. 用疏通的方法治理洪水
E. 封号是“夏”
F. 治理洪水成功了
G. 和益、后稷共同治理洪水
H. 儿子出生都没有回家看一下

3. 启：（ ）

A. 是夏禹的儿子
B. 在夏禹治水的时候出生
C. 善于治水
D. 是中国历史上第一个朝代的国君

四、根据课文完成表格

治水人物	鲧	大禹
治水方法		
治水结果		

五、概括练习

用 1—2 个句子概括课文第 5、6、7、8 段的主要内容。

六、简答题

1. 大禹治水的方法和他父亲治水的方法一样吗？大禹用什么方法治水？大禹的父亲用什么方法治水？

2. 如果让你去治理洪水，你会用什么方法？

8

课文

中国的行政区域划分

（马燕华　撰写）

阅读提示：
你知道中国的全称是什么吗？你知道中国有多少个省、自治区、直辖市和特别行政区吗？你了解他们的简称吗？

1 中国的全称是中华人民共和国，首都在北京。全国有23个省；5个自治区，即内蒙古自治区、广西壮族自治区、西藏自治区、宁夏回族自治区、新疆维吾尔自治区；4个直辖市（zhíxiáshì，municipality directly under the central government），即北京市、天津市、上海市、重庆市；2个特别行政区，即香港特别行政区、澳门特别行政区。

2 中国一般实行四级行政单位划分。以“省”为例，四级行政单位是：省——市——区/县——街道/乡/镇。

3 书面表达行政单位的顺序是从大到小。如，河北省石家庄市赵县刘庄乡、江西省南昌市西湖区胜利街道中山路28号。

4 中国的省、自治区、直辖市、特别行政区都有简称

（jiǎnchēng，abbreviation）。比如，四川省的简称是“川”，山东省的简称是“鲁（lǔ）”。

学习汉语的外国朋友，特别是在中国长期工作、生活的外国朋友了解各省的简称很有必要，因为在汉语书面材料中常常会用到。如，湘菜是比较受欢迎的地方菜，“湘”是湖南省的简称，“湘菜”就是湖南省的地方菜。“京沪线”指北京到上海的铁路线，因为“京”是北京的简称，“沪”是上海的简称。下面是全国各省、自治区、直辖市、特别行政区的简称和省会（或首府）所在地。

中国省、自治区、直辖市、特别行政区名称、简称及省会（或首府）所在地表

名称	简称	省会或首府所在地
北京市 Běijīng Shì	京 Jīng	
天津市 Tiānjīn Shì	津 Jīn	
河北省 Héběi Shěng	冀 Jì	石家庄 Shíjiāzhuāng
山西省 Shānxī Shěng	晋 Jìn	太原 Tàiyuán
内蒙古自治区 Nèiménggǔ Zìzhìqū	蒙 Měng	呼和浩特 Hūhéhàotè
辽宁省 Liáoníng Shěng	辽 Liáo	沈阳 Shěnyáng
吉林省 Jílín Shěng	吉 Jí	长春 Chángchūn
黑龙江省 Hēilóngjiāng Shěng	黑 Hēi	哈尔滨 Hā'ěrbīn
上海市 Shànghǎi Shì	沪 Hù	
江苏省 Jiāngsū Shěng	苏 Sū	南京 Nánjīng
浙江省 Zhèjiāng Shěng	浙 Zhè	杭州 Hángzhōu
安徽省 Ānhuī Shěng	皖 Wǎn	合肥 Héféi
福建省 Fújiàn Shěng	闽 Mǐn	福州 Fúzhōu
江西省 Jiāngxī Shěng	赣 Gàn	南昌 Nánchāng
山东省 Shāndōng Shěng	鲁 Lǔ	济南 Jǐnán

（续表）

名称	简称	省会或首府所在地
河南省 Hénán Shěng	豫 Yù	郑州 Zhèngzhōu
湖北省 Húběi Shěng	鄂 È	武汉 Wǔhàn
湖南省 Húnán Shěng	湘 Xiāng	长沙 Chángshā
广东省 Guǎngdōng Shěng	粤 Yuè	广州 Guǎngzhōu
广西壮族自治区 Guǎngxī Zhuàngzú Zìzhìqū	桂 Guì	南宁 Nánníng
海南省 Hǎinán Shěng	琼 Qióng	海口 Hǎikǒu
四川省 Sìchuān Shěng	川（蜀）Chuān（Shǔ）	成都 Chéngdū
重庆市 Chóngqìng Shì	渝 Yú	
贵州省 Guìzhōu Shěng	黔（贵）Qián（Guì）	贵阳 Guìyáng
云南省 Yúnnán Shěng	滇（云）Diān（Yún）	昆明 Kūnmíng
西藏自治区 Xīzàng Zìzhìqū	藏 Zàng	拉萨 Lāsà
陕西省 Shǎnxī Shěng	陕（秦）Shǎn（Qín）	西安 Xī'ān
甘肃省 Gānsù Shěng	甘（陇）Gān（Lǒng）	兰州 Lánzhōu
青海省 Qīnghǎi Shěng	青 Qīng	西宁 Xīníng
宁夏回族自治区 Níngxià Huízú Zìzhìqū	宁 Níng	银川 Yínchuān
新疆维吾尔自治区 Xīnjiāng Wéiwú'ěr Zìzhìqū	新 Xīn	乌鲁木齐 Wūlǔmùqí
台湾省 Táiwān Shěng	台 Tái	台北 Táiběi
香港特别行政区 Xiānggǎng Tèbié Xíngzhèngqū	港 Gǎng	
澳门特别行政区 Àomén Tèbié Xíngzhèngqū	澳 Ào	

中国菜

（马燕华　撰写）

阅读提示：
你爱吃中国菜吗？你看得懂中国餐馆的菜谱吗？

1　中国烹调（pēngtiáo，to cook）技术历史悠久，三千多年前西周时期的中国人就会用各种调料来烹调肉食了。长期以来，在不同地方的菜肴（càiyáo，cooked dishes）风味的基础上，形成了八种比较有名的中国菜流派，一般称作八大菜系，它们是：山东菜、四川菜、江苏菜、广东菜、福建菜、湖南菜、安徽菜和浙江菜。八大菜系各有自己的口味特点。如，山东菜又叫鲁菜，特点是色重、香浓、味厚；广东菜又叫粤菜，特点是清淡、生脆；四川菜又叫川菜，特点是麻辣。八大菜系也都有自己的名菜，如四川菜的麻婆豆腐、山东菜的糖醋鲤鱼等。

2　一般来说，中国菜的菜名主要包含两方面的内容，一是做菜的原料（yuánliào，raw material），二是做菜的方法。比如西红柿炒鸡蛋，原料是“西红柿、鸡蛋”，方法是“炒”。

3　中国菜里的“肉”，一般指猪肉（zhūròu，pork），如青椒炒肉丝。如果不是猪肉，菜名里会说明是什么肉，如胡萝卜烧牛肉、葱爆羊肉、宫保鸡丁等。

4　中国菜常用的做菜方法有炒（chǎo，to stir-fry）、蒸（zhēng，to steam）、爆（bào，to quick-fry）、炖（dùn，to stew）、熘（liū，to quick-fry with thick gravy）、炸（zhá，to fry）等。

5　中国菜食材常见的形状是丁（dīng，dice）、丝（sī，shred）、片（piàn，slice）、块（kuài，chop, piece）等，在口语里这些词一般要儿化，读成丁儿、丝儿、片儿、块儿。

6 有的菜名中还表明了菜的味道（wèidào，taste）。如醋（cù，vinegar）熘土豆丝，味道是酸的，因为要用醋。

7 不过中国菜里那些含有地名、来历、比喻义的菜名，即使是中国人也有可能看不懂，如夫妻肺片（fūqīfèipiàn）、霸王别姬（bàwángbiéjī）等。

8 中国菜有地方风味，中国人的口味也有一定的地方特点。中国人常说的"南甜（tián，sweet）北咸（xián，salty）、东辣（là，hot）西酸（suān，sour）"，指的就是中国人的地方口味特点。北方人口味偏咸，南方人口味偏甜，所以南方的馒头、包子都是甜的，这在北方人看来简直不可理解。中国有些地方的人吃辣是很有名的，如四川人、贵州人、湖南人等；北方偏西的山西人吃醋也是非常出名的。随着社会经济发展，中国人之间的交往比以前频繁多了，各地人的口味也有了一定的改变，比如现在许多北京人也爱吃有辣味的菜了。

9 另外，中国菜里还有不少中医知识。中医认为食物也有治病、保健作用，食疗的保健作用比药物更好。因此，许多菜也有保健作用。如喝参（shēn，ginseng）汤能滋补身体，吃羊肉对眼睛有保养作用；夏天应该喝鸭（yā，duck）汤，冬天宜喝老母鸡汤等。

10 许多外国朋友喜欢吃中国菜，但是常常看不懂菜谱（càipǔ，menu），不会点菜。学会看菜谱，对尽情品尝中国菜的美味很有帮助。相信随着你汉语水平的提高和在中国生活的日常积累，你对中国菜的理解一定会更深刻，更全面。

练　习

中国的行政区域划分

一、判断正误

1. 中国一共有 34 个省级行政单位。（　　）
2. 直辖市、自治区是最高行政单位。（　　）
3. 特别行政区不是行政单位。（　　）
4. 中国的行政单位以“省”为例从大到小共有 4 级。（　　）
5. “县”是最小的行政单位。（　　）
6. 汉语书写地名时和英语一样，从小到大。（　　）
7. 中国每个省级行政区都有简称。（　　）
8. 香港特别行政区、澳门特别行政区没有简称。（　　）

二、根据课文填空

1. 粤剧是________________的戏剧。
2. 青藏铁路是从________________到________________的铁路。
3. 冀中平原在________________省。
4. 闽南方言主要指________________的地方话。
5. 鲁菜指________________。
6. 湘菜指________________。
7. 川菜指________________。
8. 成语“黔驴技穷”中的“黔驴”意思是________________。
9. 苏北地区是指________________。

10.“江浙沪包邮”指的是________________。

三、简答题

1. 北京有一家饭馆儿叫“湘鄂情”，你能从这家饭馆儿的名字猜出它是什么风味的饭馆儿吗？

2.“京沪线开通　中国正式进入高铁时代”，这个新闻标题中的“京沪线”是什么意思？

3.“2014 年 2 月京津冀协同发展上升为重大国家发展战略”，其中的“京津冀”指什么地方？

四、根据课文完成表格

	全称	首都	一级行政区域数量
中国			
你的国家			

中国菜

一、判断正误

1. 三千多年前中国人就会用各种调料来烹调肉食了。(　　)
2. 八大菜系是在地方菜肴风味的基础上逐步形成的。(　　)
3. 中国有八种菜。(　　)
4. 东北菜是八大菜系之一。(　　)

5. 河南菜是八大菜系之一。 (　　)

6. 中国菜的菜名都含有这个菜的来历。 (　　)

7. 中国人都能看懂菜名。 (　　)

8. 如果看不懂菜名，就不能品尝中国菜的美味。 (　　)

9. 中国人的口味也有地方特色。 (　　)

10. 东北人爱吃甜的。 (　　)

11. 中国菜很讲究保健作用。 (　　)

12. 中医认为食物也有治疗、保健作用。 (　　)

13. 夏天应多喝人参汤。 (　　)

14. 吃羊肉对眼睛有好处。 (　　)

二、根据课文填空

1. 中国比较有名的菜系有＿＿＿＿＿＿种。

2. 川菜就是＿＿＿＿＿＿菜，鲁菜就是＿＿＿＿＿＿菜。

3. 广东菜的特点是＿＿＿＿＿＿。

4. 麻婆豆腐是＿＿＿＿＿＿菜。

5. 中国菜的菜名一般含有两方面的内容，一是＿＿＿＿＿＿，二是＿＿＿＿＿＿＿＿＿。

6. “炖”是菜的＿＿＿＿＿＿，“块”是菜的＿＿＿＿＿＿。

7. “糖醋”是菜的＿＿＿＿＿＿。

8. 贵州人爱吃＿＿＿＿＿＿的。

三、多项选择

1. 中国菜的菜名里包括的内容有：(　　　　　)

A. 做菜的原料　　B. 做菜的方法

C. 做菜的厨师的名字
D. 菜的发明者的名字
E. 菜的味道
F. 菜的形状
G. 属于的菜系
H. 菜的流行地区
I. 菜的保健作用

2. 八大菜系包括：(　　　　　　　　)

A. 北京菜
B. 四川菜
C. 湖南菜
D. 上海菜
E. 福建菜
F. 广东菜
G. 安徽菜
H. 浙江菜
I. 江苏菜
J. 山东菜

四、根据课文完成表格

序号	菜名	原料	做法	味道	形状
1	咖喱鸡块 gālíjīkuài	鸡、咖喱	炖	咖喱味	块
2	红烧牛肉 hóngshāoniúròu				
3	糖醋里脊 tángcùlǐji				
4	青椒炒肉丝 qīngjiāochǎoròusī				
5	葱爆羊肉 cōngbàoyángròu				
6	宫保鸡丁 gōngbǎojīdīng				
7	素炒土豆丝 sùchǎotǔdòusī				
8	西红柿炒鸡蛋 xīhóngshìchǎojīdàn				
9	北京烤鸭 běijīngkǎoyā				

（续表）

序号	菜名	原料	做法	味道	形状
10	涮羊肉 shuànyángròu				
11	小葱拌豆腐 xiǎocōngbàndòufu				
12	水煮鱼 shuǐzhǔyú				
13	海带炖排骨 hǎidàidùnpáigǔ				
14	酸辣汤 suānlàtāng				

五、简答题

你们国家最有名的菜叫什么名字？这个菜的原料是什么？做法是什么？

9

课文

中国的学校教育

（马燕华　撰写）

1　中国的学校教育分为初等、中等、高等三种。

2　初等教育指小学教育。中国儿童6岁入小学，学制6年。小学毕业后，一般按家庭住址升入附近的初级中学。

3　中等教育包括普通中学教育与中等职业技术教育。普通中学又分初级中学和高级中学两个层次，前者简称“初中”，后者简称“高中”。初中和高中的学制均为3年。中国政府实行九年义务（yìwù，compulsory）教育制，小学到初中为义务教育。这期间政府尽可能保证每个公民都有受教育的权利，免收学费。

4　普通高中是为接受高等教育做准备的，因此，初中毕业升入普通高中要经过统一考试，择优录取，录取名额有一定限制，收取学费。不少地方的高中又分重点学校与非重点学校，因此，上重点高中竞争很激烈。大多数初中与高中不是同一所学校。

5　中等职业技术教育也是中等教育的一个重要方面。中等职业技术学校简称“中专”，主要学习一些应用性专业技术，学制 2～4 年，学生毕业后可以参加工作，如护理学校、商业学校等。

6 高等教育指大学教育，分大学生与研究生两个层次。大学本科学制 4～5 年，专科学校学制 2～3 年。研究生教育分硕士研究生与博士研究生两个层次，学制一般均为 3 年。

7 本科生达到中国教育部规定的要求，授予学士（xuéshì，bachelor）学位，研究生达到一定要求分别授予硕士（shuòshì，master）与博士（bóshì，doctor）学位。

8 中国高中生上大学要经过普通高等学校招生全国统一考试，简称“高考”。

9 高考全国统一考试，或者某一个省内统一考试。高考每年 6 月初举行。大学根据考生的高考成绩和报考志愿录取新生。中国的大学 1949 年以后很长时间内不收学费。1989 年开始中国人上大学不再免费，一般要收学费、住宿费。但是师范、石油（shíyóu，petroleum）、地质（dìzhì，geology）等专业的大学生，在校学习期间仍然免交学费，有的专业国家还发给学生生活费。

10 中国现在是发展中国家，文化、教育事业还不很发达。高等教育与世界发达国家相比还有一定差距。据中国第六次人口普查统计（2010 年），中国接受过高等教育的人占 9%，而美国则是 40%。但是 1999 年以来中国的大学入学率已达到 25% 以上，接近中等发达国家的大学升学率了。

11 中国的学校教育除了政府办学以外，还有不少民营、私营学校。受师资、规模、声誉等的影响，目前民营、私营高等教育还缺乏竞争力。近年来，越来越多的外国教育机构进入中国，参与大学招生竞争。因此，中国每年也有不少高中生去国外上大学。

12 中国的学校一年分春季、秋季两个学期，每个学期大约18个星期。秋季学期为新学年的开始，一般9月1日开学，春季学期一般3月1日开学。

曹冲称象

阅读提示：
如何称出大象的重量？中国古代一个五六岁的孩子想出了一个聪明的办法。

1 中国古代三国时期，有人送给魏国国王曹操一只大象（dàxiàng，elephant），曹操非常高兴，召集文武大臣前来观看。有人说大象的鼻子真长，有人评论象牙很珍贵，还有人问大象有多重。

2 曹操笑道："这只大象确实高大，怎样才能知道大象的体重呢？"

3 这个问题难住了文武百官，有人说："制造一把特大的秤（chèng，steelyard），就能称（chēng，to weigh）出这只象的体重。"曹操摇摇头说："制造特大的秤也不容易，还有什么更好的办法吗？"官员们你看看我，我看看你，谁也没有高明的主意。

4 这时，曹操五六岁的小儿子曹冲说话了："父王，孩儿有个办法。"曹操惊喜地望着他说："那你说说你的办法吧。"

5 曹冲说："先把大象拉上河边的船里，看看船身沉下水面多深，在船身上画个记号，再把大象拉上岸。接着把一袋一袋的碎石装进空船里，一直装到船下沉到刚才画下的记号为止。再把船上一袋一袋的碎石重量分别称出来，最后把这些碎石的重量加起来，不就是大象的体重吗？"

6 曹操听完，哈哈大笑，称赞说："你真是个聪明的孩子！"

（选自《幼儿聪慧故事精选 20 种》，中国连环画出版社，1992 年）

练 习

中国的学校教育

一、判断正误

1. 中国的小学毕业生升初中时，按考试成绩决定上什么样的学校。 (　　)
2. 中国的每所中学，都有初中、高中两部分。 (　　)
3. 中国的高中不是义务教育。 (　　)
4. 中国没有中等职业技术学校。 (　　)
5. 中国有三种学位：学士、硕士、博士。 (　　)
6. 硕士是比博士低一级的学位。 (　　)
7. 中国人上大学要经过统一考试。 (　　)
8. 现在中国人上大学免费。 (　　)
9. 中国没有私立大学。 (　　)
10. 到 2010 年，中国人中接受过高等教育的人占比还比较少。 (　　)
11. 中国的学校一年有三个学期。 (　　)

二、根据课文填空

1. 中国儿童____________岁开始上小学。

2. 中国的小学学制是____________年，初中学制是____________年，高中学制是____________年，大学本科是____________年，硕士研究生一般是____________年，博士研究生一般是____________年。

3. 中国实行____________年义务教育政策。

4. 中国的小学毕业生____________升入初级中学学习。

5. 中国的初中毕业生____________升入高级中学学习。

6. 中国的高中毕业生________升入大学。

7. "初中"是指________，"高中"是指________。

8. "中专"是指________。

9. "高考"是指________。

10. 中国的普通高等学校招生考试在每年________月举行。

11. 到 2010 年，中国接受过高等教育的人占________。

12. 中国的学校一年有________个学期，新学年从________月开始。

三、单项选择

1. 中国小学生小学毕业后升入初级中学，主要根据：（　　）

A. 考试成绩　　B. 家庭住址

C. 学生自己的意见　　D. 学校的意见

2. "初中毕业升入普通高中要经过统一考试，择优录取"，"择优录取"意思是：（　　）

A. 选择家庭条件好的录取　　B. 选择成绩好的录取

C. 选择身体好的录取　　D. 选择能力强的录取

3. "目前民营、私营高等教育还缺乏竞争力。""缺乏竞争力"指民营、私营大学：（　　）

A. 没有能力和公立大学竞争　　B. 不敢竞争

C. 质量很差　　D. 学费很便宜

4. 中国学校的新学年从哪个月开始？（　　）

A. 1 月　　B. 3 月　　C. 8 月　　D. 9 月

四、多项选择

关于中国大学的情况，下面正确的是：（　　　　）

A. 入学要经过统一考试

B. 录取新生一般不考虑学生的意愿

C. 一般专业要收学费

D. 每年 6 月初举行入学统一考试

E. 入学率已达到世界先进水平

五、解释下面句子中加线的词语或写出它们的近义词

1. 中国儿童 6 岁入（　　　　　）小学。

2. 义务教育阶段免收（　　　　　）学费。

3. 初中毕业升入普通高中要经过统一考试，择优（　　　　　）录取。

4. 中国普通高等学校（　　　　　）招生全国统一考试每年 6 月举行。

六、改写

普通中学又分初级中学和高级中学两个层次，前者简称“初中”，后者简称“高中”。

“前者……，后者……”按先后提到两个事物。用“前者……，后者……”改写下列句子。

1. 清华大学、复旦大学都是中国的著名大学，清华大学在北京，复旦大学在上海。

____

2. 首尔大学、高丽大学都是韩国的著名大学，首尔大学是国立大学，高丽大学是私立大学。

____

3. 东京和大阪是日本两个最大的城市，东京是日本的政治中心，大阪是日本的经济中心。

____

4. 波音公司和空中客车公司是世界知名的飞机制造公司，波音公司成立于 1916 年，空中客车公司成立于 1970 年。

____

七、填空

（一）填写简称。

1.“北京师范大学”，简称“________”。

2.“科学技术”，简称“________”。

3.“环境保护”，简称“________”。

4.“美利坚合众国”，简称“________”。

（二）根据课文填空：中国的学校教育。

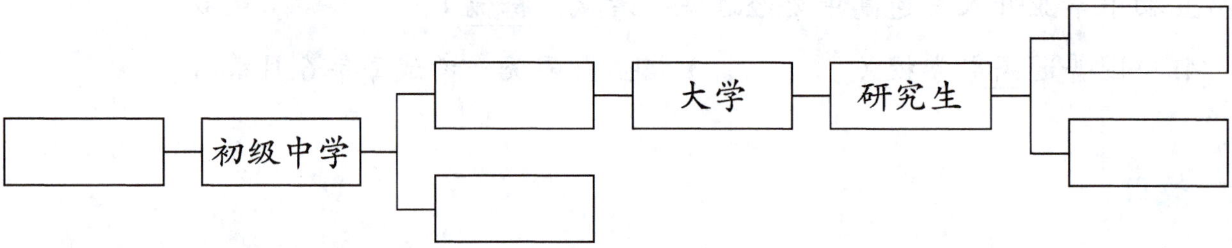

八、根据课文和你们国家的实际情况填表

1. 中国的学校教育

学校类别	学制	毕业时年龄
小学	6 年	12 岁
初级中学		
高级中学		
大学本科	4 年	22 岁
硕士研究生		
博士研究生		

2. 你的国家的学校教育

学校类别	学制	毕业时年龄
小学		
初级中学		
高级中学		
大学本科		
硕士研究生		
博士研究生		

九、填空概括课文主要内容

中国儿童__________上小学，学制__________年。小学毕业后一般按__________升入附近的__________学习，学制__________年。从小学到初中是义务教育，中国政府尽可能保证每个公民接受义务教育。初中毕业后可以上__________，也可以上__________。初中毕业生升入高中要经过__________，择优录取。

高中生上大学要经过__________，即“普通高等学校招生全国统一考试”，大学根据考生的__________和__________录取新生。

大学毕业后还可以继续读__________，研究生分__________和__________两个阶段。

中国实行九年义务教育制，中国人上高中、大学，读研究生一般都要__________。

中国的学校一年分为__________、__________两个学期，新学年从__________月开始。

曹冲称象

一、判断正误

1. 故事发生在中国古代三国时期。（　　）
2. 有人送给魏国国王曹操一只大象。（　　）
3. 有人问大象的体重。（　　）
4. 有人提出可以制造一把特大的秤来称大象的体重。（　　）
5. 曹操认为制造大秤称大象体重的办法可以做到。（　　）
6. 最后曹冲想出了一个能做到的称大象体重的办法。（　　）

二、根据课文完成表格

曹冲想出的称大象的办法

序号	办法和步骤
1	
2	在船身上画个记号，然后把大象拉上岸。
3	
4	再把船上一袋一袋的碎石分别称出来。
5	

10

课　文

中国人口

（马燕华　编写）

阅读提示：
中国是世界上人口最多的国家，你知道中国人口有什么特点吗？

1　中国是世界上人口最多的国家，根据中国政府 2010 年第六次全国人口普查统计，到 2010 年 11 月 1 日为止，全国总人口约 13.71 亿。其中大陆 31 个省、自治市、直辖市的部分数据如下：

2　男性约 6.87 亿人，占 51.27%；女性约 6.53 亿，占 48.73%。

3　汉族人口 12.26 亿人，占 91.51%；各少数民族人口 1.14 亿人，占 8.49%。

4　城市人口 6.66 亿人，占 49.68%；农村人口 6.74 亿人，占 50.32%。

5　具有大学（指大专以上）文化程度的人口为 1.2 亿，占 9%。

6　全国人口最多的省区是广东省，共有 1.04 亿人，人口最少的省区是西藏自治区，共有 300 万人。

7　从第六次人口普查数据可以看出，中国人口有以下两个特点。

8 一、人口地域分布不均匀。东部人口较多，西部人口较少。东部地区人口占总人口的37.98%，中部地区占26.76%，西部地区占27.04%，东北地区占8.22%。其中人口总数最多的前五个省（广东省、山东省、河南省、四川省、江苏省）中的广东省、山东省、江苏省都在东部。

9 二、各民族人口分布不均匀。中国一共有56个民族，其中汉族人口最多，有12.26亿人，占全国总人口的91.51%。其他55个民族有1.14亿人，占全国总人口的8.49%；中国少数民族居住最集中的省是云南省。

10 与第五次人口普查（2000年）相比，十年来中国人口发生了以下四个明显变化：

11 第一，农村人口明显减少。过去提到中国人口，人们常说中国是一个农业大国，农村人口占全国人口的80%。2000年第五次人口普查统计，农村人口占64%，城镇人口占36%。2010年第六次人口普查统计，农村人口占50.32%，城镇人口占49.68%。十年来中国城镇人口占全国总人口的比例提高了约13%，这与中国十年来的经济发展有着密切关系。

12 第二，流动人口明显增加。根据第六次人口普查统计，全国居住地与户口所在地不一致的人口比十年前增加了81%。北京市的常住外来人口有704万，占北京市常住人口的36%。也可以说，北京市有三分之一的人是外来人口。广东省成为全国人口最多的省，这与在广东省打工的外来人口大量增加有关。

13 第三，接受过高等教育的人数明显增多。第五次人口普查统计，中国接受过高等教育的人口是每10万人中有3611人，第六次人口普查统计，中国接受过高等教育的人口是每10万人中有8930人，十年增加了147%。当然，与世界经济发达国家相比，中国国民中接受过高等教育的人口比例还比较低。

14 第四，人口老龄化趋势明显。第六次人口普查统计，60岁及以上人口占13.26%，比第五次人口普查上升2.93%，也就是说，中国现在60岁以上的老人大约有1.8亿。老龄人口比例增加，将带来一系列必须重视的社会问题，如劳动力的短缺、老龄化社会服务设施建设滞后等。

15 中国人口的这些变化说明，中国经济有了很大发展，中国已经进入中等收入国家行列，但发展还很不平衡。

旗袍和中山装

（马燕华　撰写）

阅读提示：
说起“地道的中国服装”，你会想到什么？

1　提起地道的中国服装，外国人一般会认为男的是中山装，女的是旗袍（qípáo，cheongsam）。这两种式样的服装都是很有中国特色的传统服装。

2　中山装是根据日本现代中学男式校服改进设计的，它的式样是立式小翻领、四个明口袋，上面两个小，下面两个大，左右对称，中间五个明扣。据说这种式样的衣服，最早是孙中山（Sūn Zhōngshān）先生积极提倡并带头穿着的，因此叫作“中山装”。在很长一段时间里，“中山装”一直是中国男式礼服。1949 年 10 月 1 日，毛泽东主席在天安门城楼庄严宣布中华人民共和国成立时，穿的就是一件黄色的中山装。

3　旗袍是中国满族服装。过去满族人被称为“旗人”，满族妇女穿的袍子称为“旗袍”。清代时“旗袍”这一满族女式服装在中国广泛传播开来。

4　旗袍的主要特点是立领、短袖或无袖、大襟、盘扣、绲边，长至脚腕（jiǎowàn，ankle）。旗袍较好地体现了东方女性身材的曲线美，加上可薄可厚，可长可短，可丝可棉，真可谓“上得厅堂下得厨房”，深受女性欢迎。在许多场合，用料讲究、做工精细的丝绸旗袍已经成为中国女性的正式礼服。

5　但是，在快节奏的现代社会，穿着长至脚腕的旗袍，无论是骑自行车，还是坐公共汽车，都不太方便。于是出现了根据旗袍改良的中式上衣，它的特点是长袖、对襟、盘扣，女士、男士皆可穿着。因为在海外人们习惯上将中国人集中居住生活的街区叫“唐人街”，“唐”指“中国”。因此，人们也将这种根据旗袍改良的中式上衣叫作“唐装”。在一些国际会议上，唐装几乎成了中国服装的代表。有时中国领导人访问外国时，领导人的夫人也穿这种根据旗袍改良的中式上衣，显得高贵、典雅、庄重。

6 在正式场合，现代中国女性喜欢穿旗袍或改良过的中式上衣，男性则更喜欢穿西装（xīzhuāng，Western suit）。

7 中山装和旗袍虽然是很有中国特色的服装，但是中国人平时还是喜欢穿比较方便的服装，如牛仔裤、T 恤衫、棉布衬衫等。职业装也很受公司职员欢迎。

（李典　绘）

练 习

中国人口

一、判断正误

1. 中国是世界上人口最多的国家。 (　　)
2. 到 2010 年 11 月 1 日，中国一共约有 13.71 亿人。 (　　)
3. 中国政府 2010 年进行了第五次全国人口普查。 (　　)
4. 第六次人口普查表明中国男性人口比女性人口多。 (　　)
5. 第六次人口普查表明中国汉族人口占全国总人口的 91.51%。 (　　)
6. 现在中国接受过大学教育的人口占全国总人口的比例还不到 10%。 (　　)
7. 云南省是中国少数民族居住最集中的省。 (　　)
8. 中国人口最多的五个省是：河南省、山东省、四川省、广东省、江苏省。 (　　)
9. 现在中国农村人口占全国人口总数的 80%。 (　　)
10. 现在人口最多的省区是山东省，人口最少的省区是西藏自治区。 (　　)
11. 流动人口明显增加是最近十年中国人口的主要变化之一。 (　　)
12. 北京市的常住外来人口差不多占全市人口的三分之一。 (　　)
13. 中国现在 60 岁以上的老年人大约有 1.8 亿。 (　　)

二、根据课文填空

1. 中国政府 2010 年进行了第六次人口普查，从这次普查统计数据来看，中国人口有以下特点：一、________________；二、________________________。

2. 与 2000 年第五次人口普查相比，十年来中国人口发生了四个明显变化，它们是：第一，________________；第二，________________________；第三，________________；第四，________________________。

三、根据课文填写表格

第六次中国人口普查统计

	总人口	汉族人口	各少数民族人口	城市人口	农村人口	接受过高等教育人口
数量						
占比						

旗袍和中山装

一、判断正误

1. 中山装、旗袍是中国的传统服装。（ ）
2. 中山装因为孙中山先生积极倡导穿着，所以叫中山装。（ ）
3. 中山装是男式服装。（ ）
4. 中山装有两个口袋。（ ）
5. 中山装曾经是中国男性的礼服。（ ）
6. 旗袍只有三四百年的历史。（ ）
7. 旗袍较好地体现了东方女性的曲线美。（ ）
8. 旗袍穿着的场合很广泛。（ ）
9. 旗袍必须用丝绸做。（ ）
10. 现在有很多中国人平常也穿旗袍。（ ）
11. 中国人只穿中山装和旗袍。（ ）
12. 中国也有不少人喜欢穿西服。（ ）

二、下面哪一项不正确或文中没有提到

1. 中山装：（ ）

A. 是根据日本现代中学男校服改进的服装

B. 有四个口袋、五个明扣

C. 上面的两个口袋大，下面的两个口袋小

D. 最早是孙中山先生提倡并带头穿的

E. 很长一段时间是中国的男式礼服

F. 现代中国男性在正式场合更喜欢穿西装，而不是中山装。

2. 旗袍：(　　)

A. 旗袍在中国有很长的历史

B. 能做旗袍的面料很多，丝的、棉的都可以

C. 主要特点是：立领、大襟、盘扣、绲边、长至脚腕

D. 能很好地体现东方女性身材的曲线美

E. 后来有了根据旗袍改良的上衣

F. 现代中国女性在正式场合都穿旗袍

3. 唐装：(　　)

A. 是据旗袍改良的上衣

B. 长袖、对襟、盘扣

C. 只有女士可以穿

D. “唐装”的“唐”指中国

E. 在一些国际会议上，几乎成了中国服装的代表。

F. 穿上显得高贵、典雅、庄重

三、解释下面句子中加线的词或写出其近义词

1. 提起地道（　　　　）的中国服装，外国人一般（　　　　）会认为男的是中山装，女的是旗袍。

2. 中山装有四个明口袋（　　　　），上面两个小，下面两个大，左右对称（　　　　）。

3. 旗袍较好地体现了东方女性身材的曲线美，可薄可厚（　　　　）。

4. 旗袍“上得厅堂下得厨房”（　　　　　　）。

四、词语练习

1. 领导人的夫人也穿这种根据旗袍改良的中式上衣，显得高贵、典雅、庄重。

"中式上衣"意思是中国式样的上衣。汉语用"~式＋名词"说明某种事物的式样，"式"的前面一般是国家的简称，如美式快餐。请填写短语。

（1）中式________　　（4）________式餐厅

（2）中式________　　（5）________式________

（3）________式点心　　（6）________式________

五、简答题

简单画一画你们国家的传统服饰，介绍一下它的名称、样式、质地、主要特点等。

11

课　文

秦始皇

（马燕华　撰写）

阅读提示：
中国历史上第一个统一了全国的人是秦始皇。你知道他为什么叫秦始皇吗？关于秦始皇你还知道什么？

1 秦始皇（Qín Shǐhuáng）（公元前259年—前210年）是中国历史上第一个统一了全国的皇帝（huángdì，emperor）。秦始皇姓嬴（Yíng），叫政，是战国时代秦国庄襄王（Zhuāng Xiāngwáng）的儿子。嬴政十三岁时，父亲去世，他继承王位，当了秦国国王，但是国家大事还是依靠母亲和其他官员处理。

2 嬴政二十二岁开始亲自处理国家大事。他用十年时间，陆续消灭了韩国、魏国、楚国、燕国、赵国、齐国六个国家，结束了几百年来的分裂局面，于公元前221年建立了中国历史上第一个统一的国家——秦朝。

3 统一全国后，嬴政进行了一系列重大改革。首先，他将全国的最高统治者称号定为"皇帝"，他自称"始皇帝"，意思是第一个皇帝。历史上称他为秦始皇。

4 秦始皇将全国分为三十六个郡（jùn，prefecture），“郡”下设“县（xiàn，county）”。秦朝是在消灭了六个国家的基础上建立起来的统一国家，全国统一后秦始皇下命令统一了全国的法律（fǎlǜ，law）、度量衡（dùliànghéng，weights and measures）、货币（huòbì，money）、文字和道路标准。

5 为了保卫国家安全，秦始皇下命令派全国几十万老百姓修筑长城，用来防御敌人进攻。在秦国统一全国之前，秦国、赵国、燕国三个国家已经分别修筑了长城。秦始皇统一全国后把过去秦国、赵国、燕国修筑的长城连接起来，再分别向东边、西边延长，这就是后来著名的万里长城。

6 为了加强统治，统一全国人的思想，秦始皇还下命令烧毁（shāohuǐ，to destroy by fire）了许多历史书籍和民间收藏的珍贵书籍，活埋（huómái，to bury alive）了四百六十多位读书人，因为这些读书人用古代故事来反对秦始皇治理国家的办法和政策。历史上把秦始皇这种烧毁书籍、活埋读书人的做法称为“焚书坑儒”（fénshū-kēngrú，burning of books and burying of scholars）。

7 秦始皇还在西安附近为自己建造了豪华宫殿（gōngdiàn，imperial palace）——阿房宫，以及死后用的骊山墓（mù，grave）。

8 秦始皇建立了中国历史上第一个统一的国家，将全国划分为三十六个行政单位，统一了全国的法律、货币、度量衡、文字和道路标准，这些都具有历史进步意义。但是他的“焚书坑儒”严重摧残了文化，他花费大量人力财力修长城、建阿房宫、修骊山墓，给人民带来了沉重的负担和深深的痛苦。

9 公元前 210 年，秦始皇在外出视察时，病死在路上。公元前 206 年，他建立的秦王朝也灭亡（mièwáng，to fall, to end）了。

孟姜女（Mèngjiāngnǚ）

阅读提示：
中国的万里长城很雄伟，你知道中国流传着一个关于修筑万里长城的著名民间故事吗？

1 从前，有两户人家，一家姓孟，一家姓姜。孟家种了一架葫芦（húlu，calabash），蔓子爬到了姜家，结下了一个大葫芦。

2 有一天，孟家把葫芦摘下来，切开一看，里面金光闪亮，坐着一个黑眉毛、大眼睛、又白又胖的小姑娘。孟家没有小孩儿，看见这孩子可喜欢了，就收养了她，给她起名叫孟姜女。

3 孟姜女一天天长大了，长得像仙女（xiānnǚ，angel）一样漂亮。

4 当时，秦始皇正在修长城，到处抓人。有个青年叫范喜良，他怕被抓去当苦工，就从家里逃出来，每天东藏西躲。一天，他躲进了孟家的后花园，刚巧孟姜女正在花园里扑蝴蝶，两个青年人一见钟情，家里人也都赞成他们的婚事。于是家里人请来了亲戚朋友，摆上了酒席，祝贺他们结为夫妻。

5 没想到，他们刚进洞房，外边突然闯进来一伙官兵，七手八脚地把范喜良抓走了。孟姜女哭得死去活来。

6 从此，孟姜女整天整夜地想念着丈夫。她听说北方的冬天很冷，就日夜给丈夫赶做棉衣。做好棉衣后，她一定要亲自给丈夫送去。母亲想拦也拦不住，就哭着说：

7 “孩子，长城离这儿有几千里，你怎么能走到呢？”

8 “妈妈，你放心吧，我一定能走到长城找到他。要是找不到他，我也就不回来了！”孟姜女很坚决地说。

9 孟姜女告别了母亲，一直向北方走去。一路上，她数不清走过了多少个村庄，翻过了多少座高山，跨过了多少条大河，最后终于来到了长城脚下。孟姜女一边走，一边打听着范喜良的名字，可是这些做苦工的人都摇着头说不知道。她又累又急，真想痛哭一场。这时，前边走过来一个青年人，告诉孟姜女说："你丈夫是和我一起被抓来做苦工的，可是没过多久，他就活活儿地累死了。"

10 孟姜女一听，放声大哭。她一连哭了三天三夜。忽然一声巨响，长城倒塌（dǎotā，to collapse）了一大段，这时，孟姜女看见了范喜良的尸体（shītǐ，corpse），更是哭得死去活来。

11 秦始皇听说孟姜女哭倒了长城，立即派人把她抓起来，要惩罚她。可是当秦始皇看见孟姜女像仙女一样美丽时，就改变了主意，逼着孟姜女嫁（jià，to marry）给他。

12 孟姜女想了一会儿说："你必须答应两件事，我才嫁给你。"

13 秦始皇连忙问："哪两件事？"

14 孟姜女说："第一，要好好埋葬我的丈夫，在河边给他修个墓（mù，grave）；第二，墓修好的那天，我要到墓前祭奠（jìdiàn，to hold a memorial ceremony for）他。"

15 “好说，好说。”秦始皇满口答应下来。

16 过了几天，范喜良的墓修好了。秦始皇陪着孟姜女来到了河边。

17 孟姜女跪在丈夫的墓前放声痛哭，哭着哭着，忽然站了起来。秦始皇刚想走上前去拉住孟姜女，孟姜女愤怒地看了他一眼，转身就跳进了白浪滔滔的大河里。

18 这可把秦始皇急坏了，他大声喊叫着："快！快！给我抓住她！给我抓住她！"

19 然而，滚滚的浪涛已经把美丽而坚贞的孟姜女带走了。

（选自李秀兰选编《中国民间故事》，北京师范大学出版社，1992 年）

（郭又嘉　摄）

练习

秦始皇

一、根据课文填空

1. 中国历史上第一个统一全国的皇帝是________。

2. 秦始皇姓________，叫________，出生于________年，死于________年，他父亲是______。

3. 秦始皇在________年建立了中国历史上第一个统一的国家——________。

4. 统一全国后，秦始皇将全国划分为________个________。

5. 秦始皇还统一了全国的________、________、________、________和________。

6. 秦始皇把以前秦国、赵国和燕国的长城连接起来后，又向东、西延长，这就是今天著名的________。

7. 秦始皇还在________附近，为自己建造________和死后用的________。

8. 中国历史上的"焚书坑儒"意思是____________，其中"焚"的意思是________，"儒"的意思是________。

9. 秦始皇做的具有历史进步意义的事有：____________________________。

10. 秦始皇于公元前210年________，公元前206年，秦王朝________。

二、判断正误

1. 秦始皇是国王的儿子。 (　　)
2. 秦始皇十三岁当秦国国王。 (　　)
3. 秦始皇当秦国国王的时候，同时还存在其他五个国家。 (　　)
4. 秦始皇是中国历史上第一个统一了全国的皇帝。 (　　)
5. 秦始皇在五个方面进行了统一。 (　　)
6. 秦始皇是病死的。 (　　)

三、多项选择

1. 关于秦始皇，下列不正确的是：(　　　　　　　　)
   A. 他是国王的儿子
   B. 十三岁时因为父亲身体不好，开始当皇帝
   C. 公元前221年统一了中国
   D. 自称“始皇帝”，意思是第一个皇帝
   E. “皇帝”这个称呼是他统一全国后定的
   F. 统一全国后，在六个方面进行了统一规定
   G. 长城是他开始修建的
   H. 活埋了四百多位读书人
   I. 他的宫殿叫“阿房宫”，他的墓叫“骊山墓”
   J. 是被人杀死的
   K. 死后两年秦王朝就灭亡了
2. 关于万里长城，下列不正确的是：(　　　　　　　　)
   A. 是秦始皇时修建成的
   B. 秦始皇是发明长城的人
   C. 当时是用来防御敌人进攻的
   D. 当时几个国家都修了长城
   E. 秦始皇花费了大量人力修建万里长城

四、解释下面句子中加线的词语或写出它们的近义词

1. 秦始皇用十年时间，陆续（　　　　）消灭了当时的六个国家，结束了长期以来的分裂（　　　　）局面，统一了全国。
2. 当时长城是用来防御（　　　　）敌人进攻的。
3. 秦始皇还下命令烧毁了许多历史书籍（　　　　）。

五、简答题

秦始皇自己称“始皇帝”，意思是自己是秦国第一个皇帝，按照他的思路，你觉得秦国的第二个皇帝应该叫什么？

六、填空概括介绍秦始皇

秦始皇姓__________，叫__________，公元前__________他建立了中国历史上第一个统一的国家__________。秦始皇做的具有历史进步意义的事有：____。

七、根据课文完成表格

秦朝	当代中国	你的国家
郡	省	
县	市	

孟姜女

一、判断正误

1. 孟姜女是长在葫芦里的女孩儿。 (　　)
2. 孟姜女非常漂亮。 (　　)
3. 范喜良是孟姜女的丈夫。 (　　)
4. 孟姜女和范喜良结婚的当天晚上，范喜良就被抓去修长城了。 (　　)
5. 孟姜女给丈夫做了冬天的衣服。 (　　)
6. 孟姜女和母亲一起去给范喜良送棉衣。 (　　)
7. 范喜良病死了。 (　　)
8. 听说丈夫死了，孟姜女哭了三天三夜，哭倒了一大段长城。 (　　)
9. 孟姜女在倒塌的长城下看见了丈夫的尸体。 (　　)
10. 孟姜女想嫁给秦始皇。 (　　)
11. 孟姜女向秦始皇提了两个要求，但是秦始皇没有答应她。 (　　)
12. 孟姜女跳河自杀了。 (　　)

二、单项选择

1. “两个青年人一见钟情”，“一见钟情” 形容：(　　)

A. 一见面就有感情　　B. 一见面就产生了爱情

C. 一见面就好像认识似的　　D. 一见面就有好印象

2. “他们刚进洞房”，“洞房” 指：(　　)

A. 结婚当天，新婚夫妇住的房间　　B. 很黑的房间

C. 很简单的房间　　D. 很小的房间

3. “（官兵）七手八脚地把范喜良抓走了”，“七手八脚” 的意思是：(　　)

A. 官兵抓人时匆忙　　B. 官兵抓了七八个人

C. 官兵人很多　　D. 抓人的时间长

4. “孟姜女哭得死去活来”，“死去活来” 形容孟姜女：(　　)

A. 很着急　　B. 哭得昏死过去了

C. 很悲伤　　D. 昏死过去又救活了

5. "'好说，好说。'秦始皇满口答应下来。""好说"意思是：（　　）

A. 可以办到　　B. 好好儿说

C. 喜欢听你说　　D. 慢慢儿说

6. "秦始皇满口答应下来"，"满口答应"形容：（　　）

A. 高兴地答应　　B. 用一个字答应

C. 痛快地全部答应　　D. 说了很多话才答应

7. "滚滚的浪涛已经把美丽而坚贞的孟姜女带走了。"意思是：（　　）

A. 孟姜女从此生活在河上　　B. 孟姜女坐船走了

C. 孟姜女跳河自杀了　　D. 孟姜女跳进河里游走了

8. 关于"孟姜女"下面不正确的是：（　　）

A. 长得非常漂亮　　B. 很爱自己的丈夫

C. 不怕天冷路远去给丈夫送棉衣　　D. 想嫁给秦始皇

9. 关于"范喜良"下面不正确的是：（　　）

A. 从小和孟姜女一起长大　　B. 结婚的当天晚上被抓去修长城了

C. 是孟姜女的丈夫　　D. 修长城时累死了

三、填空概括《孟姜女》的主要内容

孟姜女是长在＿＿＿＿＿＿＿＿＿＿里的女孩儿，她长得非常漂亮。一天孟姜女在花园里遇见了＿＿＿＿＿＿＿＿＿＿的青年范喜良。两个年轻人一见钟情，不久就结婚了。就在他们结婚的那天晚上，＿＿＿＿＿＿＿＿＿＿。

孟姜女日夜思念丈夫范喜良，给他赶做＿＿＿＿＿＿＿＿＿＿，并且要＿＿＿＿＿＿＿＿＿＿。到了长城脚下，听说范喜良已经＿＿＿＿＿＿＿＿＿＿。孟姜女放声大哭，长城＿＿＿＿＿＿＿＿＿＿了一大段，孟姜女看见了＿＿＿＿＿＿＿＿＿＿。

秦始皇听说孟姜女＿＿＿＿＿＿＿＿＿＿，要惩罚她，但见孟姜女长得漂亮就逼着孟姜女＿＿＿＿＿＿＿＿＿＿。孟姜女坚决不同意，最后＿＿＿＿＿＿＿＿＿＿。

四、根据课文完成表格

序号	主要内容
1	一天，孟姜女在花园扑蝴蝶，见到了躲在花园里的范喜良。
2	
3	
4	孟姜女做好了棉衣，要亲自给丈夫送去。
5	
6	一个青年人告诉孟姜女，范喜良修长城累死了。
7	
8	秦始皇听说孟姜女哭倒了长城，要惩罚她。
9	
10	孟姜女向秦始皇提出要在河边给范喜良修墓，并祭奠他。
11	秦始皇满口答应。
12	

12

课　文

中　医

（马燕华　撰写）

阅读提示：
你了解中医的特点吗？你知道中医的诊断方法和治疗手段吗？

（郭又嘉　摄）

1 中医是中国的传统医学，在国外也称汉医。

2 根据文献记载，两千多年前中医的基础理论、医学分科、诊断方法、治疗手段已经基本形成体系；著名医学家治病的故事也家喻户晓，如，战国名医扁鹊（Biǎnquè）使太子死而复生，汉代名医华佗（Huà Tuó）给病人饮用麻醉药“麻沸散”实施外科手术等。

3 千百年来中医以其独特的医学理论、诊断方法和治疗手段，引起了世界医学界的广泛关注与兴趣，被公认为是一种独特的、与西方医学并行的医药体系。

4 中医理论的独特性集中表现为以下两点。

5 一是整体观念。

6 中医认为人是自然界的组成部分，人与自然界是一个整体，因此人体疾病与人所生活的自然环境密切相关，如季节变化、气候变化、地理条件、饮食习惯、人对自然环境的适应性等。

7 中医还认为人的身体也是一个整体，人体各部分、各器官和谐共处，组成一个整体。因此人体疾病与人的身体整体状况密切相关，如身体各部分的协调、各个器官的平衡运行、遗传因素、体质、情绪等。

8 所以中医在治疗疾病时，会更多地考虑到病人的生活环境、生活习惯以及病人的身体整体状况对疾病形成的影响，绝不会采用千篇一律的治疗手段。据说北京一家中医院同样是治疗感冒，根据病人的不同状况有十四种不同的药方。

9 二是辨证论治。

10 中医相信中国古代哲学家提出的世界上的物质都是由阴阳

两部分组成的理论，认为人的身体也分为阴阳两部分。如腹部（fùbù，belly）是阴，背部（bèibù，back）是阳；体内是阴，体表是阳。人生病是由于身体阴阳不平衡造成的。因此，中医治疗疾病，并不是“头疼医头，脚疼医脚”，而是从整体、辩证的角度来治疗。如，病人牙疼，中医大夫却按摩病人的手掌、脚趾，因为中医认为这些地方和牙齿是一个系统，相互有关系。

11 由于整体观念和辨证论治是中医的理论基础，因此，中医把治疗疾病、预防疾病、保养身体也看作是一个互相影响、互相转化的整体。中医认为，“上医治未病”，意思是高明的医生能预防疾病。不少中药的主要作用是保养身体、提高身体对疾病的抵抗能力的。在中国，人们感到比较累、食欲不好、睡眠不好时，常常会去看中医。

12 中医不仅在医学理论上和西医不一样，诊断方法和治疗手段也和西医很不一样。中医综合运用望、闻、问、切四种方法诊断疾病。

13 望，就是观察病人的形体、面色、舌头。

14 闻，就是听病人的声音。

15 问，就是询问病人及其家属病情。

16 切（qiè），就是摸脉象。

17 中医的治疗手段主要有汤药、针灸（zhēnjiǔ，acupuncture）、按摩（ànmó，massage）、拔罐儿（báguànr，cupping）、食疗等。

18 “汤药”是中医最常见的治疗手段。中医大夫开出的药一般都由若干种中药组成，中医认为只有若干种中药互相配合才能产生某种治疗效果。将这些中药加水熬成热汤饮用，因此叫“汤药”。为了服用方便，药店里也有已经做成丸、粒的中药，这种中药叫“中成药”。

19 中药来源很广，植物、动物、矿物都可以成为中药，但是中药的加工、配制比较复杂，需要用较长时间专门学习研究。

20 “食疗”就是用食物来辅助治疗疾病。中医认为食物和药物有同样的治疗效果，特别是在预防疾病、保养身体方面，食物治疗的效果更好。中医把许多食物也分成阴阳两类，阴性食物又叫寒性食物，阳性食物又叫热性食物。为了达到身体的阴阳平衡，天气寒冷的时候应该多吃热性食物，如人参、羊肉、老母鸡等，天气炎热的时候应该多吃寒性食物，如银耳、莲子、鸭肉等。

21 中医是一门有几千年历史的古老学问，它独特的医学理论、诊断方法、治疗手段对外国人来说总是带有某种神秘的色彩。随着现代科学技术的发展，人们对中医的了解一定会越来越全面、越来越深刻。

李时珍

（马燕华　编写）

阅读提示：
你知道李时珍吗？了解中医，一定要知道李时珍。

1　李时珍（约 1518—1593）是中国明朝卓越的医药学家。

2　1518 年李时珍出生在湖北蕲（qí）州（今蕲春县）。李时珍的父亲李言闻是当地名医，很喜欢研究药物。李时珍童年常常跟着父亲到山中去采药，从小就培养了研究药物的兴趣。从 20 岁起他就跟着父亲学习看病了。

3　李时珍看病和用药十分仔细，他在行医过程中，发现古代保留下来的药书不完全可靠，有些书分类不清，有些书所记载的药性不太准确，甚至完全错误，许多药物古书里也没有记载。李时珍认为行医用药关系到人的身体健康、生命安危，是一件十分重要的大事，没有一部完备的药书怎么行呢！他决心根据自己的实践经验，编写一部准确、可靠、实用的药书。

4　1552 年李时珍 34 岁时开始着手编写这部书。他除了用心钻研古代保留下来的医书以外，还阅读了许多历史书、文学书以及一些讲述植物知识的书籍。他从这些书籍里，广泛吸收有用的资料。他十分重视实地调查，亲自采集药物，走遍了自己家乡的大山小山，还到过江西、安徽、江苏等很多地方，几乎走遍了长江流域和黄河流域。他访问了各地的渔夫、樵夫、猎户、药户和农户，虚心向他们请教，努力搜集民间验方，并且认真采集药物标本。

5 李时珍用了27年时间整理自己亲手搜集的材料，并且翻阅了近八百部医学著作和其他古代书籍，经过3次较大的修改，终于在1578年完成了举世闻名的药书——《本草纲目》。这一年，李时珍60岁。

6 《本草纲目》共52卷，一百九十多万字，记载了1892种药物，收入的每种药物的产地、形状、颜色、气味和主要治疗的病症都写得清清楚楚。书中还附有1160幅准确、精美的中药插图，形象地描绘了各种药物的形态，便于人们辨认。在这部书里，李时珍不仅搜集整理了民间发现的许多药物，还纠正了古代药书中的许多错误。《本草纲目》共收录了11096个药方。

7 《本草纲目》是一部药物学巨著，自从1590年出版以来，先后被译成日文、德文、英文、法文、俄文和拉丁文等多种文字，在世界各地广为流传，成为近代药物研究者必须参考的重要文献。

8 中国古代伟大的医药学家李时珍，为人类做出了重大贡献，受到了世界人民的爱戴，是世界文化名人之一。

练　习

中　医

一、根据课文填空

1. 中医是________医学。________前，中医就已经在________、________、________、________等方面基本形成体系。

2. 中医在世界医学界被公认是________。

3. 中医理论的独特性集中表现为两点，一是________，二是________。

4. 中医理论的整体观念，意思是________是一个整体，因此，人体疾病与________密切相关。________也是一个整体，因此，人体疾病与________密切相关。

5. 中医理论的辨证论治，意思是________。

6. 中医认为人生病是因为________。

7. 中医认为人的身体分为________两部分。腹部是________，背部是________；体内是________，体表是________。

8. 中医把________、________、________也看作是一个互相影响、互相转化的整体。

9. 中医诊断疾病的方法是________、________、________、________。

10. 中医治疗疾病的主要手段有________等。

11. 汤药是________________________________。

12. 中成药是________________________________。

13. 汤药和中成药的主要差别是________________________________。

14.“食疗”意思是________________________________。

15. 中医把许多食物也分成________________两类，________________、________________、________________是热性食物，________________、________________、________________是寒性食物。

二、判断正误

1. 中医是中国人的传统医学。 ( )
2. 据记载在两千多年前中医就会使用麻醉手段治病了。 ( )
3. 中医认为能治好疾病是医术最高明的表现。 ( )
4. 在中国有的人没有病的时候，也常常吃中药。 ( )
5. 中医用望、闻、问、切来诊断疾病。 ( )
6. 植物、动物、矿物都可以成为中药。 ( )
7. 中药的加工配制比较复杂。 ( )
8. 中医认为食物治疗疾病的效果更好。 ( )
9. 中医认为人们的身体部位也可以分为阴性、阳性两大类。 ( )
10. 对外国人来说，中医总是带有可怕的色彩。 ( )
11. 中医认为天冷的时候应该吃鸭肉。 ( )
12. 中医认为天热的时候应该吃人参。 ( )

三、根据课文完成表格

中医理论特点	
中医诊断方法	
中医治疗手段	

四、解释下面句子中加线的词语或写出它们的近义词

1. 根据<u>文献</u>（　　　　　）记载，两千多年中医体系已经基本形成。
2. 著名医学家的治病故事也<u>家喻户晓</u>（　　　　　）。
3. 战国<u>名医</u>（　　　　　）扁鹊使太子<u>死而复生</u>（　　　　　）。
4. 中医在治疗疾病时，会更多地考虑到病人的生活环境、生活习惯以及病人的身体整体状况对疾病形成的影响，绝不会采用<u>千篇一律</u>（　　　　　）的治疗手段。
5. 在中国，人们感到比较累、<u>食欲不好</u>（　　　　　）、<u>睡眠</u>（　　　　　）不好时，常常会去看中医。
6. 中医是一门有几千年历史的<u>古老</u>（　　　　　）学问。

五、多项选择

下面哪几项是阳性事物：（　　　　　　　　　　）

A. 背部　　　　G. 天

B. 体表　　　　H. 鸭肉

C. 热　　　　　I. 太阳

D. 人参　　　　J. 月亮

E. 女人　　　　K. 羊肉

F. 腹部　　　　L. 老母鸡

六、填空概括课文主要内容

中医是____________，已经有____________历史了。中医理论的独特性集中表现为两点，一是____________，一是____________。中医认为人体疾病与____________，人生病是____________造成的。中医综合运用____________四种方法来诊断疾病，中医的主要治疗手段有________________________等。中医认为食疗在____________效果更好。中医是一门____________学问，随着发展，人们对中医的了解____________。

李时珍

一、根据课文填空

1. 李时珍是________________________。

2. 李时珍 20 岁____________，34 岁____________，60 岁________________。

3.《本草纲目》是一部____________，共____________卷，____________字，记载了____________种药物，附有____________幅中药插图，收录了____________个药方，于____________出版，成为____________的重要文献。

二、单项选择

1. “他在行医过程中，发现古代保留下来的药书不完全可靠”，“行医”意思是：(　　)

A. 当大夫，给人看病　　B. 自己学习医学知识

C. 去外地学习医学知识　　D. 进行医学研究

2. “他访问了各地的渔夫、樵夫、猎户、药户和农户”，“渔夫”指：(　　)

A. 住在海边的人　　B. 住在水边的人

C. 以捕鱼为主要生活来源的人　　D. 以鱼为主要食物的人

3. “他访问了各地的渔夫、樵夫、猎户、药户和农户”，“樵夫”指：(　　)

A. 住在山上的人　　B. 住在森林里的人

C. 以砍柴为主要生活来源的人　　D. 帮别人运送木柴的人

4. “他访问了各地的渔夫、樵夫、猎户、药户和农户”，“猎户”指：(　　)

A. 森林里的家庭

B. 以捕获野兽为主要生活来源的家庭

C. 以野兽的肉为主要食物的家庭

D. 饲养野兽的人

5.“他访问了各地的渔夫、樵夫、猎户、药户和农户”，“药户”指：(　　)

A. 为医生配药的家庭

B. 医生家庭

C. 加工制作中药的家庭

D. 以采集中药药材为主要生活来源的家庭

6.“(他)努力搜集民间验方，并且认真采集药物标本。”“民间验方”指：(　　)

A. 经民间验证有治疗效果的中药药方

B. 实践证明有治疗效果的中药药方

C. 需要试验的中药药方

D. 民间进行的试验

7.“(他)努力搜集民间验方，并且认真采集药物标本。”“药物标本”指：(　　)

A. 经过加工整理，供学习研究用的药材

B. 中药药材

C. 标准的中药药材

D. 仿造的中药

8.“《本草纲目》共收录了 11096 个药方。”“药方”指：(　　)

A. 制药的方法

B. 中药药材

C. 治疗某种病而组合的若干种药

D. 治疗某种病而组合的若干种中药的名称、用法等

三、根据课文完成表格

李时珍一生重要事件表

时间	年龄	重要事件
1518 年		
1538 年		
1552 年	34 岁	

（续表）

时间	年龄	重要事件
1578 年		
1590 年		

四、概括练习

用 1—2 个句子概括课文第 6、7 段的主要内容。

13

课　文

中国的传统节日

（马燕华　撰写）

阅读提示：

你知道中国有哪些重要的传统节日吗？你了解中国人是怎么庆祝传统节日的吗？

（李典　绘）

1 中国是一个历史悠久的国家，中国的传统节日是历史上逐渐形成的，是根据中国的农历来规定节日日期的。

2 “农历”也叫“夏历”，是四千多年前的夏朝制定的日历。夏历照顾到太阳和月亮的运行规律，适合中国的农业生产，所以也叫“农历”，在中国一直使用到今天。农历一年也有12个月，农历一月又叫“正月（zhēngyuè）”。

3 历史上中国的传统节日比较多，到目前为止，仍然保留着明显节日习俗的还有8个，它们是：春节、元宵节、清明节、端午节、七夕节、中元节、中秋节、重阳节。其中比较盛大的有4个，它们是：春节、清明节、端午节和中秋节。

4 春节在中国传统节日中最隆重，又叫“大年”。春节是农历新年，春节告诉人们春天来了，新的一年开始了。一般来说，春节从正月初一过到正月初五。过春节要穿新衣、放鞭炮、贴对联、吃饺子或年糕，还有拜年、发压岁钱、多说吉祥话等节日习俗。正月初一前一天的晚饭也是春节习俗的重要内容，这餐饭叫“年夜饭”，是最丰盛的全家“团圆饭”。这天夜里是“除夕”，意思是旧年今夜结束，新年明日来临。按照习俗，除夕晚上不能睡觉，要“守岁”，迎接新年。除夕晚上全家人围坐在一起聊天儿、玩儿牌、吃零食等。自从中央电视台1983年开始举办“春节联欢晚会”以来，“看春晚”成了中国人过春节的新民俗。

5 清明节在农历三月初，公历4月4号、5号或6号。清明节是一个祭奠（jìdiàn，to offer sacrifices to）去世亲人的节日。人们在清明节会带着鲜花去清理打扫墓地（mùdì，grave），在墓地追思亲人，表达对去世亲人的怀念。这个活动又叫“扫墓”。

6　端午节在农历五月初五，是为了纪念古代爱国诗人屈原而设立的。屈原是两千多年前战国时代的著名诗人、政治家。因为自己的政治主张不能实现，担忧国家前途在汨罗江（Mìluó Jiāng）悲愤地投江自尽了。人们为了救屈原，不让江里的鱼鳖伤害屈原，就把许多食品，如粽子、鸡蛋等扔进江里，还敲锣打鼓划着小船驱赶鱼鳖。后来演变为吃粽子、划龙舟的习俗。端午节已经是夏天了，为了环境清洁、身体健康、驱虫避害，人们还有插菖蒲、戴香包的习俗。

7　中秋节在农历八月十五日。这时候大部分农作物、水果都成熟、收获了，人们心中有一种丰收的喜悦。天气不冷也不热，秋高气爽，气候宜人。八月十五的月亮是一年中最圆的。中秋节晚上人们品尝着新鲜的水果、香甜的月饼，欣赏着皎洁的明月度过这个节日。

8　除了以上这四个比较盛大的节日外，其他传统节日，如正月十五日元宵节赏花灯、九月初九重阳节登高等，也都很有意思。

9　从2008年开始，清明节、端午节、中秋节成为中国法律规定的假日，全国放假休息，加上以前的法定节日元旦（公历1月1日）、劳动节（公历5月1日）、国庆节（公历10月1日）、春节，当代中国一共有7个法定假日，共休息11天。

中国法定假日表

节日名称	元旦	春节	清明节	劳动节	端午节	中秋节	国庆节
日期	1月1日	农历 一月一日	4月4/ 5日	5月1日	农历 五月五日	农历 八月十五日	10月1日
休息天数	1天	3天	1天	1天	1天	1天	3天

中国的传统节日，不仅有古老的传说和故事，有丰富多彩的节庆内容，而且反映了中国民俗，对中国文学也产生了深远影响。

圣诞节

（马燕华　编写）

阅读提示：
圣诞节是世界上许多国家的传统节日，你了解圣诞节的来历吗？你知道圣诞节当天人们都要做什么吗？

1 12 月 25 日是圣诞节（Shèngdàn Jié，Christmas Day），这是许多国家最重要、最隆重的传统节日之一，也是许多国家法律规定的假日。

2 据说，圣诞节最初是基督教徒（jīdū jiàotú，Christian）庆祝耶稣（Yēsū，Jesus）诞生的纪念日。现代的圣诞节已经成为一个家人团聚、喜庆新年的盛大节日了。

3 各国圣诞节的庆祝内容虽然不完全相同，但是以下几项是必不可少的。

4 一、唱颂歌，报佳音。

5 12 月 24 日晚上是“平安夜（Christmas Eve）”，许多人会组织起来挨家挨户地在门口或窗下唱圣诞颂歌，这一活动又叫“报佳音”。

6 二、圣诞老人送礼物。

7 平安夜深夜或圣诞节凌晨，长着白胡子、白眉毛的圣诞老人（Santa Claus）会戴着红帽子、穿着红外衣快活地乘坐驯鹿拉着的雪橇（xuěqiāo，sled）来到每家每户，从烟囱爬进孩子们的房间，把圣诞礼物放进孩子们准备好的圣诞袜子里，吃掉孩子们为他准备的牛奶和饼干。

8 据说，圣诞老人平时很忙，他要忙着制作送给孩子们的圣诞礼物，还要监督、记录孩子们的行为，所以他只有在平安夜深夜才有时间悄悄地把圣诞礼物送给那些平时表现好的孩子。

9 当然，除了圣诞老人赠送礼物外，人们在圣诞节也互相赠送礼物。

10 三、寄送圣诞贺卡，送上美好祝福。

11 圣诞节到来之前，人们会选购或自己制作精美的贺卡，寄送给亲朋好友，送上一年最美好的祝福，如“圣诞快乐”“新年快乐”等。电子贺卡的开发，使圣诞贺卡更加生动美丽，更有个人魅力。

12 四、圣诞节装饰。

13 圣诞树（Christmas tree）是圣诞节的标志性装饰。圣诞树一般是绿色的天然杉柏树，象征生命长存，也有人工制作的圣诞树。树上挂满了各式各样精巧美丽的装饰物，有彩灯、蜡烛、铃铛、星星、礼物盒等，最重要的是圣诞树顶上必定有一颗大星星，象征着耶稣诞生时引导人们找到耶稣的那颗明亮的星星。圣诞树下堆放着礼物盒。

14 圣诞装饰物还有挂在家门口的圣诞花环。圣诞花环用绿色的树枝、金色或银色的铃铛、红色的缎带组成。上面写着 Merry Christmas。意思是圣诞快乐。

15 圣诞节装饰物还有鲜红的圣诞花。有些大城市还会在市中心的大商场布置创意新颖、制作精美的圣诞橱窗。

16 绿色、红色、白色是圣诞节装饰的主要颜色，洋溢着喜庆的节日气氛。

17 五、享受圣诞大餐。

18 圣诞大餐一般指 12 月 25 日的晚餐，晚餐的菜肴非常丰盛，最主要的菜是火鸡或烤鹅（kǎo'é，roast goose），全家人围坐在一起愉快地喝着酒、吃着菜、聊着天儿，其乐融融，这餐饭持续的时间比较长。

19 许多国家的圣诞节假期从 12 月 25 日到 1 月 6 日，新年也包括在其中，不少学校会放两个星期的圣诞假。享受假期的孩子们，更增添了节日气氛。

20 圣诞节不是中国的节日。但是中国有些年轻人也会在圣诞节的时候互送贺卡、互赠礼物、举办晚会或聚餐，在一些地方也能见到美丽的圣诞树。

练 习

中国的传统节日

一、判断正误

1. 中国的传统节日是历史上逐渐形成的。 （ ）
2. 中国传统节日是根据中国农历来规定日期的。 （ ）
3. 农历就是夏历。 （ ）
4. 夏历是中国古代夏朝制定的日历。 （ ）
5. 到目前为止，仍然保留着明显节日习俗的中国传统节日有4个。 （ ）
6. 春节是中国传统节日中最隆重的节日。 （ ）
7. 从2009年开始，春节、清明节、端午节、中秋节成为法定假日。 （ ）
8. 法定节日就是国家法律规定的节日，全国放假休息。 （ ）
9. 中国现在有7个法定假日，共放假11天。 （ ）
10. 元旦也是中国传统节日。 （ ）

二、解释下面句子中加线的词语或写出它们的近义词

1. 中国是一个历史悠久（ ）的国家，中国的传统节日是历史上逐渐（ ）形成的。
2. 夏历适合中国的农业生产，在中国一直使用到今天（ ）。
3. 屈原在汨罗江悲愤地投江自尽（ ）了。
4. 当代中国一共有7个法定假日（ ），共休息11天。

三、根据课文解释下列词语的意思

1. 正月：________________

2. 大年：________________

3. 守岁：________________

4. 看春晚：________________

5. 扫墓：________________

四、下面哪一项不正确或文中没有提到

1. 中国传统节日：(　　)

A. 是逐渐形成的
B. 大部分根据中国农历规定节日日期
C. 目前仍保留明显节日习俗的还有 8 个
D. 春节是中国传统节日中最隆重的
E. 清明节在冬天
F. 端午节在夏天
G. 中秋节在秋天
H. 现在有 4 个成为法定假日

2. 春节：(　　)

A. 是农历的新年，又叫“大年”
B. 是最隆重的传统节日
C. 过春节从除夕过到正月初五
D. 除夕的晚饭是最丰盛的团圆饭
E. 按照习俗，除夕晚上不能睡觉
F. 中央电视台有“春节联欢晚会”

五、根据课文完成表格

1. 中国传统节日及其习俗表

节日名称	日期	是否法定节日	节日主要活动（至少填写 2 项）
春节			
清明节		是	
			吃粽子、划龙舟
中秋节			
	农历九月初九		

2. 你们国家的法定节日表

节日名称	日期	休息天数	节日主要活动

六、概括练习

1. 用 1—2 个句子概括课文第 4 段的主要内容。

2. 用 1—2 个句子概括课文第 6 段的主要内容。

七、简答题

介绍一个你们国家最隆重的传统节日（如名称、日期、节日主要活动等）。

圣诞节

一、根据课文填空

1. 圣诞节是公历________________。

2. 圣诞节是许多国家的________________，但是在中国不是。

3. 据说圣诞节最初是________________纪念日。

4. 现代圣诞节已经成为一个________________。

5. 圣诞节必不可少的节日内容有五项，它们是________________、________________、________________、________________、________________。

6. 圣诞节的标志性装饰物是________________。

7. 许多国家的圣诞节假期从________________到________________。

8. 不少国家的学校会放圣诞假，假期时间是________________。

9. 圣诞节在中国不是节日，但是圣诞节期间在中国一些地方也能看到________________。

二、多项选择

1. 圣诞老人：(　　　　　　　　)

A. 戴着红帽子，穿着红外衣、黑靴子

B. 是长着白胡子、白眉毛的老爷爷

C. 平安夜深夜或圣诞节凌晨给小朋友送礼物

D. 乘坐驯鹿拉着的雪橇来到各家各户

E. 从后门进小朋友的家

F. 把圣诞礼物放在圣诞树下

G. 吃掉小朋友为他准备的饼干和牛奶

H. 平时很忙，因为要制作送给小朋友的礼物和记录小朋友的表现

2. 关于圣诞节装饰：(　　　　　　　　)

A. 圣诞树必须用绿色天然杉柏树

B. 圣诞树上挂满了各式各样精巧美丽的装饰物

C. 圣诞树最高处一定有一颗大星星装饰

D. 绿色的树枝、金色或银色的铃铛、红色的缎带组成的圣诞花环

E. 鲜红的圣诞花

F. 有的城市商场布置有圣诞节内容的橱窗

三、根据课文完成表格

节日名称	来源	日期	标志性装饰
圣诞节			

四、填空概括课文主要内容

________的圣诞节是许多国家的________节日，全国放假休息。据说，圣诞节最初是________，现在的圣诞节已成为________。不少国家的圣诞节假期从________到________，不少学校会放________的圣诞假。

圣诞节必不可少的节日内容有：________________。

圣诞节在中国不是________，但是不少年轻人________，他们会________________。

14

课　文

中国人的婚俗

（马燕华　撰写）

阅读提示：
你知道中国人的婚礼有什么特点吗？你知道中国人结婚为什么喜欢用红色吗？

（郭又嘉　摄）

1 婚俗指结婚的习俗。中国人的婚俗，分为旧式婚姻和新式婚姻两种。

2 中国古代的年轻人大多数为包办婚姻，婚姻不自由。男女双方结婚之前不能见面，他们的婚姻完全通过媒人的介绍，最后由双方父母决定。

3 中华人民共和国成立后，开始施行新式婚姻，特点是婚姻自由，男女双方结婚前有一段互相了解的时间。

4 无论是旧式婚姻还是新式婚姻，婚俗上有很多共同点。

5 首先，称呼相同。结婚的男女双方叫“新人”，男的叫“新郎”或“新郎官”，女的叫“新娘”或“新娘子”。结婚当天晚上住的房间叫“洞房”。

6 其次，结婚前都要确立婚姻关系，俗话叫“订婚”。旧式婚姻用男女双方出生的年、月、日、时，通过占卜（zhānbǔ, to divine）求得神灵的认可；新式婚姻的订婚以正式拜见对方的父母来表现，一般是男女双方一起去对方家里。

7 第三，有人介绍男女双方认识。旧式婚姻中把这种介绍男女双方认识的人叫作“媒人”，又因为“媒人”多为已婚中年妇女，所以也称她们为“媒婆”。新式婚姻中请人介绍男女双方认识虽然不是必需的，但是也有人做这项工作，这种人称为“介绍人”，社会上还有专门提供这种服务的公司。

8 最后，举行结婚仪式。中国人的结婚仪式上红色用得很多，因为中国人传统上认为红色表示喜庆，结婚是喜庆之大事，所以结婚仪式上多用红色。如，张贴用红纸剪成的“喜”字或双喜字“囍”，用红色的糖果袋、红色的礼品盒/袋，新娘穿红色衣服，新郎系红色领带等。结婚仪式上新郎、新娘都要穿上漂亮的新衣服，请亲朋好友吃喜糖；送给新人的礼物数字要成双（两部手机、两双皮鞋等），祝贺语一般是“白头偕老、永远幸福”等。

9 但是，旧式婚姻和新式婚姻也有一些不同的地方。如旧式婚姻一桩婚事的完成，要依次经过六个阶段：

10 纳彩（nàcǎi），男方家请媒人去女方家求婚；

11 问名，女方家同意男方家的求婚，将女方的出生年、月、日、时告知男方家；

12 纳吉，交换男女双方出生的年、月、日、时，并进行占卜；

13 纳征，占卜结果吉利，表示婚姻成立，可以确立婚姻关系；

14 请期，男方家请媒人去女方家征求结婚日期；

15 亲迎，男方家准备花轿去女方家迎娶新媳妇。

16 这六个阶段又叫“六礼”。因此，汉语书面语常用“完婚”表示“结婚”，意思是婚礼的六个阶段都完成了。“六礼”中比较重要的是“纳吉”“纳征”和“亲迎”。

17 “纳吉”实际上是求得神灵或命运的认可，所以汉语又把婚姻叫作“天作之合”，意思是婚姻是命运的安排。

18 “纳征”就是确立婚姻关系，也就是俗话说的“订婚”。

19 “亲迎”是婚俗的最后一个阶段，也是最隆重的环节。“亲迎”当天，伴着热闹喜庆的音乐，新郎用家里准备好的装饰得漂漂亮亮的轿子——又叫“花轿”，去女方家把新娘迎进家门。结婚当天晚上进洞房后新郎要揭去蒙在新娘头上的红布，这叫“揭盖头”，因为旧式婚姻的男女双方结婚前是不能见面的。

20 “纳吉”“坐花轿”“揭盖头”等婚俗，在新式婚俗中已经很少见了，在一些反映过去生活的小说、电影、电视剧中还常能见到。

21 新式婚姻虽然没有“六礼”了，但是一般也有四个阶段：

22 谈恋爱。结婚前男女双方认识后有一段相互了解的过程，又叫“谈朋友”，所以汉语的“男朋友”“女朋友”中的“朋友”指恋爱对象，不能随便用。

23 婚前见对方父母。确立恋爱关系后，结婚前男女双方都要正式拜见对方的父母。一般是去对方家里见对方父母。

24 领结婚证。举办婚礼之前，新郎、新娘要一起去政府相关部门登记，领取结婚证，口语说“领证儿”。结婚证是婚姻关系受到法律保护的重要凭证。结婚仪式可以不办，但是结婚证一定得领，否则就不是合法夫妻了。

25 举办婚礼。现代中国年轻人的婚礼形式多样。有的婚礼很隆重，一般由专门的婚庆公司承办，用豪华的婚庆车队去新娘家迎娶新娘，一路上燃放鞭炮，在有名的大饭店举办婚礼，宴请双方亲朋好友；有的婚礼比较简单，只是双方家里人在一起吃一顿比较丰盛的饭；也有的新郎、新娘把两人外出旅游当作婚礼；还有的参加政府、单位举办的集体婚礼；也有的在教堂举办婚礼。

26 婚姻是人生的大事，结婚是新生活的开始，世界各地的婚俗无论形式如何，都洋溢着幸福喜庆的气氛，充满了人们对新郎、新娘的美好祝福。

梁山伯与祝英台

阅读提示：
你看过《罗密欧与朱丽叶》(*Romeo and Juliet*) 吗？《梁山伯与祝英台》被称为中国的《罗密欧与朱丽叶》。

1 中国古时候有个姑娘叫祝英台（Zhù Yīngtái），又聪明又漂亮，不但会绣花，还会读书写字。祝英台 17 岁那年非常想到外地去求学，可是在那个时候，女孩子是不能那样做的。她只好女扮男装，到杭州去读书。

2 在去杭州的路上，她遇见了一个青年，叫梁山伯（Liáng Shānbó）。梁山伯 18 岁，也是去杭州读书的。他们一边走，一边谈，很快成了好朋友。到杭州后，两个人在一个学校里学习，并且住在同一个房间里。白天一起学习，晚上一起休息。他们同学三年，感情越来越深，但是梁山伯一直不知道祝英台是个女孩子。

3 有一天，祝英台接到一封家信，父亲叫她马上回家。她临走那天，梁山伯非常难过，一定要送送祝英台。

4 他们一边走，一边说着话。走着，走着，祝英台看见前边有两只鹅（é，goose），就回过头来说："山伯哥，你看，前边有两只鹅，母鹅在前边走，公鹅在后边笑呵呵。"梁山伯只是点头，却一点儿也不明白祝英台的意思。

5 走了一会儿，空中又飞过两只大雁（yàn，swan goose），祝英台指着大雁说："你看，空中两只雁儿飞，一只东来一只西。雁儿雁儿我劝你，我们最好不分离。”梁山伯听了，还是不明白话里的含义。

6 又走了一会儿，路旁有一口井，祝英台就拉着梁山伯走到井边，指着井水说：“你看！你看看！”两个人同时低头望着清清的井水，水中出现了他们美丽的倒影。祝英台指着水中的倒影说：“你看，我们俩多像一对夫妻啊！”梁山伯听了生气地说：“英台弟，你为什么把我比作女的？”祝英台只好对他笑了笑，继续往前走。

7 在他们临分手的时候，祝英台知道已经没有办法能让梁山伯明白自己的心意了。她想了一会儿说：“山伯哥，我有个小妹，长得和我一模一样，你若是喜欢，就赶快到我家去求婚。”梁山伯听了十分高兴地说：“我一定很快就去。”说完，两个人就依依不舍地分别了。

8 祝英台回家后，父亲逼她嫁给一个大官的儿子，她坚决不答应，说一定要等着梁山伯。她父亲知道女儿要和梁山伯那样的穷书生结婚，非常生气。

9 梁山伯送走祝英台以后，吃不下饭，睡不好觉，天天想念他的同伴。一天，他的师母告诉他说：“祝英台是个女孩子，她临走时对我说她永远等着你。”听了师母的话，梁山伯非常高兴，决定马上去祝家求婚。

10 梁山伯高高兴兴地来到祝英台家，没想到祝英台却含着眼泪见了他，还告诉他说：“父亲正逼着我和一个大官的儿子结婚呢！”梁山伯听了以后，难过得一句话也说不出来。他回家后就得了重病，不久就死了。

11　祝英台听说梁山伯死了，哭了三天三夜。一天，祝英台的父亲说："梁山伯也死了，你还有什么理由不答应呢？"祝英台说："我可以答应了。不过有一个条件，结婚那天花轿一定要从梁山伯的墓（mù，grave）前经过，我要下轿去看一看他的墓。"她父亲只好答应了她的要求。

12　结婚那天，人来人往，吹吹打打，非常热闹。花轿走到梁山伯的墓前停了下来，这时，祝英台走出花轿，跪在墓前痛哭起来。突然，天黑了下来，刮起了大风，下起了大雨，电闪雷鸣，天昏地暗，只听得"轰隆"一声巨响，梁山伯的墓裂开了。祝英台似乎看见了梁山伯，立刻扑了进去，墓一下子又合上了。

13　风停了，雨住了，云散了，太阳出来了。墓地上开满了鲜花，花丛中，一对美丽的蝴蝶（húdié，butterfly）在自由地飞舞着。

（选自李秀兰选编《中国民间故事》，北京师范大学出版社，1992 年）

练　习

中国人的婚俗

一、判断正误

1. 婚俗指结婚的习俗。（　　）
2. 中国人的婚姻有旧式和新式两种。（　　）
3. 中国旧式婚姻和新式婚姻完全不同。（　　）
4. 旧式婚姻的“订婚”根据男女双方出生的时间（年、月、日、时），运用占卜的方式进行。（　　）
5. 新式婚姻的“订婚”以男女双方正式地请对方父母吃饭来表现。（　　）
6. 中国人的结婚仪式上喜欢用红色。（　　）
7. 中国人送的结婚礼物一般要是双数的。（　　）
8. 旧式婚姻一般要依次经过六个阶段：纳彩、问名、纳吉、纳征、请期、亲迎。（　　）
9. 新式婚姻一般有四个阶段：谈恋爱、婚前见对方父母、领结婚证、举办婚礼。（　　）
10. 中国的结婚证由双方单位提供。（　　）
11. 有结婚证的夫妻受法律保护，是合法夫妻。（　　）
12. 有的中国人不举行婚礼。（　　）
13. 结婚的祝贺用语一般是“白头偕老、永远幸福”。（　　）
14. 中国人没有在教堂举行婚礼的。（　　）
15. 中国现在有政府或单位为年轻人举办集体婚礼的习惯。（　　）

二、根据课文解释下列词语的意思

1. 旧式婚姻：________________________________

2. 新式婚姻：________________________________

3. 新人：________________

4. 新郎：________________

5. 新娘：________________

6. 订婚：________________

7. 媒人：________________

8. 亲迎：________________

9. 六礼：________________

10. 花轿：________________

11. 领证儿：________________

三、多项选择

旧式婚姻与新式婚姻的相同点：(　　　　　　　　)

A. 结婚前不能见面

B. 对结婚的男女称呼相同，男的叫新郎，女的叫新娘。

C. 结婚前要确立婚姻关系

D. 结婚仪式多用红色

E. 贴红色的“喜”字或“囍”字

F. 送给新郎、新娘的结婚礼物一般是双数

G. 领取结婚证

H. 结婚前不必见对方父母

四、判断以下内容为新式婚姻还是旧式婚姻，或既是新式婚姻又是旧式婚姻

A. 新式婚姻　　B. 旧式婚姻　　C. 新式婚姻和旧式婚姻共有

1.（ C ）称结婚的男性为“新郎”。

2.（　　）称结婚的女性为“新娘”。

3.（　　）男方家请媒人去女方家求婚。
4.（　　）交换男女双方的出生年、月、日、时进行占卜。
5.（　　）婚前要确立婚姻关系。
6.（　　）结婚前要正式地去对方家见对方父母。
7.（　　）去政府部门领取结婚证。
8.（　　）男女双方认识后、结婚前有一段互相了解的过程。
9.（　　）新郎用花轿去新娘家接新娘。
10.（　　）结婚仪式上多用红色。
11.（　　）有人介绍男女双方认识。
12.（　　）张贴用红纸剪成的“喜”或“囍”字。
13.（　　）男女双方结婚前不能见面。
14.（　　）送给新郎、新娘的礼物多是双数。
15.（　　）结婚当天晚上进洞房后新郎要揭去新娘头上的红布。
16.（　　）一桩婚事的完成要经过六个阶段。

五、简答题

介绍一个你们国家婚俗和中国婚俗的不同之处。

梁山伯与祝英台

一、判断正误

1. 祝英台又聪明又漂亮。（　　）
2. 梁山伯与祝英台同学三年。（　　）
3. 祝英台非常想让梁山伯知道自己是个女孩儿。（　　）
4. 祝英台有个妹妹。（　　）
5. 在回家的路上，祝英台想表现自己有学问，对梁山伯说了许多话。（　　）
6. 祝英台的父亲不同意祝英台和梁山伯结婚。（　　）

7. 梁山伯听了祝英台的话很生气，不久就死了。 (　　)

8. 祝英台扑进了梁山伯的墓里。 (　　)

9. 梁山伯和祝英台变成了一对美丽的蝴蝶。 (　　)

二、单项选择

1. “她只好女扮男装，到杭州去读书。”“女扮男装”意思是：(　　)

A. 女人给男人衣服　　B. 女人打扮、男人化妆

C. 女人打扮成男人的样子　　D. 女人帮男人打扮

2. 在梁山伯送祝英台回家的路上，祝英台为了让梁山伯知道自己是个女孩子，一共用了几个比喻？(　　)

A. 一个　　B. 两个

C. 三个　　D. 四个

3. “父亲逼她嫁给一个大官的儿子”，“大官”指：(　　)

A. 有很大房子的人　　B. 权力很大的人

C. 年龄很大的人　　D. 很坏的人

4. “她父亲知道女儿要和梁山伯那样的穷书生结婚，非常生气。”“穷书生”指：(　　)

A. 没有钱的读书人　　B. 没有工作的读书人

C. 没有钱的读书人生的孩子　　D. 不会读书的人

5. “他的师母告诉他”，“师母”意思是：(　　)

A. 老师的母亲　　B. 女老师

C. 老师的妻子　　D. 很亲切的老师

6. 梁山伯病死了，因为：(　　)

A. 祝英台不爱他　　B. 祝英台已经和别人结婚了

C. 祝英台哭了　　D. 听了祝英台的话后得了重病

7. “结婚那天花轿一定要从梁山伯的墓前经过”，“花轿”指：(　　)

A. 新娘坐的漂亮的轿子　　B. 有很多花的轿子

C. 有很多颜色的轿子　　D. 有很多花的轿车

8.“结婚那天，人来人往，吹吹打打，非常热闹。”“吹吹打打”意思是：（　　）

A. 说话的人很多　　B. 吵架、打架的人很多

C. 演奏乐器，很热闹　　D. 形容很乱

三、词语练习

1. 汉语常用“公”“母”表示动物的雌雄，如“公鹅、母鹅”。写出四个这样的词语。

2.“临＋动词”表示这个动作快要发生，如“在他们临分手的时候”“临下课时，老师要我们听写”。用“临＋动词”造一个句子。

四、下面哪一项不正确或文中没有提到

1. 祝英台：（　　）

A. 是个女的　　B. 家不在杭州

C. 和梁山伯同学三年　　D. 想和一个大官的儿子结婚

2. 梁山伯：（　　）

A. 是个大官的儿子　　B. 比祝英台大一岁

C. 很喜欢祝英台　　D. 病死了

3. 这个故事：（　　）

A. 发生在中国古代　　B. 发生在中国南方

C. 是一个爱情故事　　D. 是一个真实的故事

五、简答题

1. 梁山伯与祝英台是怎么认识的？

2. 梁山伯是怎么知道祝英台爱他的？

3. 梁山伯是怎么死的？

4. 最后梁山伯与祝英台变成了什么？

六、根据课文完成表格

梁山伯与祝英台的故事

主要阶段	具体情节
开始	1. 祝英台在去杭州的路上认识了梁山伯。 2. ______ 3. 同学三年梁山伯并不知道祝英台是个女孩子。
发展	1. 祝英台接到一封家信。 2. ______ 3. 梁山伯听了师母的话，非常高兴，决定去祝家求婚。

（续表）

主要阶段	具体情节
发展	4. ______ 5. ______
结果	1. ______ 2. ______

15

课　文

中国的文学和艺术

（马燕华　撰写）

阅读提示：
中国的文学历史悠久，丰富多彩，你知道中国文学中的著名作品吗？

1 中国文学源远流长，一般认为两千五百多年前的诗歌集《诗经》是现存最早的中国文学作品。人们一般把中国文学按时间分为三个时期：中国古代文学（先秦时期—1919 年）、中国现代文学（1919 年—1949 年）和中国当代文学（1949 年至今）。

2 在中国文学两千多年的历史中，出现了许多优秀作品。对外国人来说，中国文学作品中最著名的是古典诗词和古典长篇小说。

3 唐诗（Tángshī，Tang poetry）、宋词（Sòngcí，*ci* poetry in the Song Dynasty）在中国古典诗词中文学成就最高，唐代的李白、宋代的苏轼（Sū Shì）都是世界知名的大诗人。

4 “床前明月光，疑是地上霜。举头望明月，低头思故乡。”李白的这首《静夜思》，语言简洁，意境清新，传达出淡淡的、悠悠的思乡之情。

5 中国古典诗词创作历史悠久，每个朝代都有成就最高、最有代表性的文学形式，除唐诗、宋词外，还有汉赋（Hànfù，*fu* poetry in the Han Dynasty）、南北朝民歌、元曲（Yuánqǔ，*qu* poetry in the Yuan Dynasty）等。

6 中国古典长篇小说文学成就最高的是产生于明代到清代初期的四部长篇小说：明代罗贯中（Luó Guànzhōng）的《三国演义》、明代施耐庵（Shī Nài'ān）的《水浒传》（Shuǐhǔ Zhuàn）、明代吴承恩（Wú Chéng'ēn）的《西游记》和清代曹雪芹（Cáo Xuěqín）的《红楼梦》。

7 《三国演义》是一部历史小说，主要描写公元 184 年—282 年魏（Wèi）、蜀（Shǔ）、吴（Wú）三国争斗，最终司马炎统一了三国的历史故事。它塑造了曹操、刘备、关羽、张飞、诸葛亮、周瑜等生动形象，有些已经成为了某种性格的代名词，如张飞代表鲁莽（lǔmǎng，reckless）、诸葛亮代表智慧（zhìhuì，wisdom）。

8 《水浒传》描写的是宋代农民起义的故事。"武松打虎"是其中的精彩片段。

9 《西游记》是一部神话小说，主要描写唐代佛教徒（fójiàotú，Buddhist）玄奘（Xuánzàng）带领孙悟空（Sūn Wùkōng）、猪八戒（Zhū Bājiè）、沙和尚（Shā héshàng）去西方取经的故事。书中塑造的孙悟空的形象，天不怕、地不怕，爱憎分明，在中国深入人心、家喻户晓。

10 《红楼梦》描写了贾（Jiǎ）、史、王、薛（Xuē）四大家族兴盛衰败的故事，成功塑造了一大批性格鲜明的人物，如贾宝玉、林黛玉（Lín DàiYù）、薛宝钗（Xuē Bǎochāi）、王熙凤（Wáng Xīfèng）等。

11 中国艺术形式丰富多彩，包括音乐、舞蹈、戏剧、曲艺、电影、杂技、美术、书法、建筑等。外国人比较熟悉的有戏剧中的京剧、曲艺中的相声、建筑中的中国古代宫廷建筑以及书法等。

12 外国人学习中国文学，欣赏中国艺术，不仅可以亲身体会中华文化，而且可以促进汉语学习，因为不少汉语书面语词汇都来源于中国文学作品。

三顾茅庐

阅读提示：
《三国演义》中的很多故事在中国家喻户晓，其中《三顾茅庐》的故事讲述了刘备是如何得到当时非常有智慧的人物——诸葛亮的支持和帮助的。

1 刘备是中国古代三国时期的一个著名人物。他一直想统一天下，只是觉得自己手下虽然有关羽和张飞等几员武将，但是缺少一个出谋划策的人，所以总是一事无成。

2 有一天，刘备去拜访当地的名人司马徽（Sīmǎ Huī），想让他帮助自己统一天下。司马徽笑着摇摇头，说："我可不行！您没听说过此地有卧龙（Wòlóng）、凤雏（Fèngchú）吗？"

3 "不知道。请问这卧龙、凤雏是什么人？"刘备急切地问。

4 司马徽说："卧龙、凤雏是两个人。卧龙叫诸葛亮（Zhūgě Liàng），凤雏叫庞统（Páng Tǒng）。这两个人足智多谋，算得上天下奇才。您只要请到其中的一位，就能帮助您做成统一天下的大事！"

5 过了些日子，徐庶（Xú Shù）也向他推荐诸葛亮。刘备问徐庶："论才学，他比您怎么样呢？"

6 "那简直没法比，我差得太远了。诸葛亮是当今的奇才呀！"徐庶回答。

7 刘备高兴地说："那好，您把他找来吧！"

8 徐庶郑重地说："要见诸葛亮这样的人，您必须亲自登门拜请，哪能随随便便把他叫来呢？他就住在襄阳城附近的隆中山里，离这儿不算远。"

9　刘备听了徐庶的话，决定亲自去请诸葛亮。

10　这一天，他带着关羽和张飞来到了诸葛亮的住处。那是几间用茅草搭起的房子，周围还种着庄稼。刘备敲开门一问，诸葛亮不在家，他等了半天，也不见回来，只好回去了。

11　过了几天，刘备又来到了那几间茅屋前，一打听，诸葛亮还是不在家。刘备很扫兴，就写了一封信留给诸葛亮，说非常想见见他，以后还会来的。

12　刘备当时已经是快五十岁的人了，是天下闻名的豪杰，又是皇帝家族的人，而诸葛亮还不到三十岁。关羽和张飞就劝刘备别亲自去了。刘备坚决不同意，为了找到自己心目中的人才，他不顾辛劳，第三次去隆中找诸葛亮。这次总算见到了。

13　两个人见了面，刘备像学生对待老师那样，恭恭敬敬地向诸葛亮请教，诸葛亮也把心里话全说了出来，给刘备出主意。刘备诚恳地请诸葛亮出来帮助自己，诸葛亮答应了。

14　从此，刘备有了一个才能出众的人帮助，特别高兴。他对诸葛亮十分尊敬，两个人无话不说。关羽和张飞见了，都很不高兴，生气地对刘备说："我们跟您这么多年，出生入死，如今倒不如诸葛亮了。他一个读书人，年纪又轻，有什么值得这么敬重的？"

15　刘备严肃地对两个人解释道："我有了诸葛亮，就像鱼得到了水。我当然要敬重他。"

（选自《课外阅读·第八册》，黑龙江教育出版社，1997 年，文字有改动）

练　习

中国的文学和艺术

一、根据课文填空

1. 一般认为中国最早的文学作品是__________，这是一部__________，到现在已经有__________年了。

2. 学者一般把中国文学按时间分为三个时期，分别是：__________、__________、__________。

3. 对外国人来说，中国文学作品中最著名的是__________和__________。

4. __________、__________在中国古典诗词中文学成就最高。

5. 唐代的__________、宋代的__________都是世界闻名的大诗人。

6. 除唐诗、宋词外，中国历史上许多朝代都有代表性的文学形式，如__________、__________、__________。

7.《三国演义》的作者是__________的__________。

8.《水浒传》的作者是__________的__________。

9.《西游记》的作者是__________的__________。

10.《红楼梦》的作者是__________的__________。

11. “诸葛亮”这个人物的特点是__________，“张飞”的性格特点是__________，“孙悟空”的性格特点是__________。

12. 外国人比较熟悉的中国艺术形式有__________、__________、__________以及__________。

二、单项选择

1. “中国文学源远流长”，“源远流长”形容中国文学：(　　)

A. 作品很多　　B. 历史很长

C. 发展不快　　D. 作家很多

2.《诗经》属于：(　　)

A. 中国古代文学　　B. 中国近代文学

C. 中国现代文学　　D. 中国当代文学

3. 唐诗属于：(　　)

A. 中国古代文学　　B. 中国近代文学

C. 中国现代文学　　D. 中国当代文学

4. 宋词属于：(　　)

A. 中国古代文学　　B. 中国近代文学

C. 中国现代文学　　D. 中国当代文学

5. 中国文学家鲁迅（1881—1936）的作品属于：(　　)

A. 中国古代文学　　B. 中国近代文学

C. 中国现代文学　　D. 中国当代文学

6. 老舍的小说《四世同堂》创作于二十世纪四十年代，属于：(　　)

A. 中国古代文学　　B. 中国近代文学

C. 中国现代文学　　D. 中国当代文学

7.《三国演义》的作者是：(　　)

A. 施耐庵　　B. 罗贯中

C. 吴承恩　　D. 曹雪芹

8. “四大名著”中属于神话小说的是：(　　)

A.《三国演义》　　B.《水浒传》

C.《西游记》　　D.《红楼梦》

9. “诸葛亮”是下面哪部小说中的人物？(　　)

A.《三国演义》　　B.《水浒传》

C.《西游记》　　D.《红楼梦》

10. "林黛玉"是下面哪部小说中的人物？（　　）

A.《三国演义》　　B.《水浒传》

C.《西游记》　　D.《红楼梦》

11. "（孙悟空这个形象）在中国深入人心、家喻户晓"，"家喻户晓"形容：（　　）

A. 知道的人很少　　B. 知道的人很多

C. 只有常在家里的人知道　　D. 小范围的人知道

三、将下面的人物和出现的小说连线

1. 曹操 ———— A.《三国演义》
2. 诸葛亮
3. 孙悟空
4. 贾宝玉　　B.《水浒传》
5. 林黛玉
6. 刘备
7. 张飞　　C.《西游记》
8. 玄奘
9. 猪八戒
10. 武松　　D.《红楼梦》

四、填空概括课文主要内容

中国文学源远流长，一般认为两千五百多年前的＿＿＿＿＿＿是现存最早的中国文学作品。对外国人来说，中国文学作品中最著名的是＿＿＿＿＿＿和＿＿＿＿＿＿。中国古典诗词中成就最高的是＿＿＿＿＿＿、＿＿＿＿＿＿。汉语古典长篇小说文学成就最高的是《＿＿＿＿＿＿》《＿＿＿＿＿＿》《＿＿＿＿＿＿》和《＿＿＿＿＿＿》。

中国艺术形式丰富多彩，外国人比较熟悉的是______、______、______以及______。

五、简答题

1. 写出两部你知道的中国文学作品的名字。

2. 写出两句你知道的汉语古典诗歌。

3. 写出两位你知道的中国文学家的名字。

4. 写出一部你们国家著名的文学作品的名字。

三顾茅庐

一、判断正误

1. 刘备当时的愿望是统一天下。　（　）
2. 关羽、张飞善于实际作战。　（　）
3. 诸葛亮善于出主意、想办法。　（　）
4. 当时有名的人都认为诸葛亮能帮助刘备完成统一天下的大事业。　（　）
5. 刘备、关羽、张飞三次去诸葛亮家请诸葛亮。　（　）

6. 刘备第三次才见到诸葛亮。 (　　)

7. 诸葛亮答应帮助刘备。 (　　)

8. 后来刘备和诸葛亮的关系一直很好。 (　　)

二、单项选择

1. “他一直想统一天下”，“天下”指：(　　)

A. 全世界　　B. 全国

C. 他领导的范围　　D. 他生活的地区范围之内

2. “他觉得自己手下虽然有关羽和张飞等几员武将”，“手下”指：(　　)

A. 接受自己领导的人　　B. 地位比自己低的人

C. 只会打仗的人　　D. 本领比自己差的人

3. “缺少一个出谋划策的人”，“出谋划策”意思是：(　　)

A. 出好主意、想好办法　　B. 出坏主意、想坏办法

C. 出主意，想办法　　D. 出关于战争的主意和办法

4. “徐庶也向他推荐诸葛亮。”“推荐”意思是：(　　)

A. 推出，推动　　B. 任用，接受

C. 把好的人或事物向人介绍　　D. 把好的人或事物介绍给聪明人

5. “那简直没法比，我差得太远了。”“简直没法比”意思是：(　　)

A. 诸葛亮完全不能和“我”比　　B. “我”完全不能和诸葛亮比

C. 没有比的标准　　D. “我”不想和诸葛亮比

6. “他对诸葛亮十分尊敬，两个人无话不说”，“无话不说”意思是：(　　)

A. 什么话都跟对方说　　B. 形容两个人爱说话

C. 两个人在一起没有话说　　D. 两个人在一起不说话

7. “我们跟您这么多年，出生入死”，“出生入死”意思是：(　　)

A. 经历过非常危险的情况　　B. 经历过战争

C. 从出生到死亡　　D. 一辈子

8. “我有了诸葛亮，就像鱼得到了水。”“鱼得到了水”比喻：(　　)

A. 关系密切　　B. 非常需要

C. 互相需要　　D. 很及时地得到了

9. 关于刘备，下面不正确的是：(　　)

A. 想统一天下　　B. 快五十岁了，是皇帝家族的人

C. 和关羽、张飞的关系不太好　　D. 想找一个能帮自己出主意的人

10. 关于张飞，下面不正确的是：(　　)

A. 接受刘备的领导　　B. 不太善于出谋划策

C. 对刘备那么尊敬诸葛亮不满意　　D. 对诸葛亮有点儿不满意

11. 关于诸葛亮，下面不正确的是：(　　)

A. 不到三十岁　　B. 是个读书人

C. 当时已经很有名了　　D. 当时生活在农村

E. 有人叫他“卧龙”　　F. 家里很穷

12. 关于“三顾茅庐”，下面不正确或文中没有提到的是：(　　)

A. 刘备一共去了三次诸葛亮家

B. 第一次带着关羽、张飞一起去的，但是没见着诸葛亮

C. 第二次也带着关羽、张飞一起去的，也没见到诸葛亮

D. 第三次见到诸葛亮后，诸葛亮答应帮助他

13. 根据课文，下面不正确的是：(　　)

A. 诸葛亮很有名　　B. 诸葛亮不愿见刘备

C. 诸葛亮是一个充满智慧的人　　D. 刘备邀请诸葛亮的态度非常诚恳

三、根据课文完成表格

刘备拜访诸葛亮的过程

次数	去拜访的人	拜访结果
第 2 次		

四、概括练习

用 1—2 个句子概括课文中第 9、10、11、12 段的主要内容。

五、简答题

“三顾茅庐” 中的 “三”“顾”“茅庐” 分别是什么意思？

16

课文

牛郎织女的故事

阅读提示：
你知道“牛郎织女”的故事吗？牛郎和织女是怎么认识的？他们结婚后幸福吗？谁把他们分开了？他们还能再团圆吗？

（李典　绘）

（一）

1　中国古时候有个孩子，爹妈都死了，他跟着哥哥、嫂子过日子。哥哥、嫂子待他很不好，让他吃剩饭、穿破衣、睡牛棚。牛棚里没有床，他就睡在干草上。他每天放牛，那头牛跟他很亲热，总是用温和的眼睛看着他，有时候还伸出舌头舔舔他的手，怪有意思的。哥哥、嫂子见着他总是爱理不理的，仿佛他一在眼前，他们就浑身不舒服。这样，他就更喜欢跟牛在一起了。

2　他没有名字，人们见他放牛，就叫他牛郎。

3　牛郎照看那头牛很周到。一来是牛跟他亲热；二来呢，他想，牛那么勤勤恳恳地干活儿，不好好照看它，怎么对得起它呢？在外面放牛时他老是挑最好的草地，让牛吃又肥又嫩的青草；回到家里给牛吃的干草，也挑得一点儿土也没有。牛渴了，他就牵着它到小溪的上游，让它喝干净的水。夏天天气热，他就让牛干完活儿在树林里凉快的地方休息；冬天天气冷，他就让牛在山坡上暖和的地方晒太阳。他把牛身上刷得干干净净的，一到夏天，一把扇子不离手，把成群乱飞的牛虻都赶跑了。牛棚也打扫得很干净。牛在干干净净的地方住，很舒服，牛郎自己也很舒服。

4　牛郎放牛的时候会随口哼几支小曲儿，虽然没有人听，可是牛却摇摇耳朵眨眨眼，好像听得有滋有味。牛郎心里想到什么，嘴里就会说出来，虽然没人听见，可是牛却咧开嘴，笑嘻嘻的，好像明白了他的意思。他常常把看见的、听见的事告诉牛，有时候还跟它商量一些事，牛好像也都能理解。牛虽然没说话，可是眉开眼笑的，牛郎也就满意了。

5 当然，有时候他还觉得美中不足，要是牛能说话，把了解的和想说的都一五一十地说出来，那该多好啊。

6 过了一年又一年，牛郎渐渐长大了。哥哥、嫂子想独占父亲留下的家产，把他看成眼中钉。一天，哥哥把牛郎叫到跟前，装作很亲热的样子说："你如今长大了，也该成家立业了。爹妈留下的一点儿家产，咱们分了吧。一头牛，一辆车，归你；别的归我。"

7 嫂子在旁边说："我们挑有用的东西给你，你知道吗？你要知道好歹，赶紧离开这儿。"

8 牛郎听哥哥、嫂子这么说，想了想，说："好，我现在就走！"

9 他想哥哥、嫂子既然这么讨厌自己，自己又何必恋恋不舍呢？那辆车不稀罕，幸亏那头老牛归了他，亲密的伙伴还在一块儿，离不离开家又有什么关系呢？

10 他牵着老牛，拉着破车，头也不回，一直往前走。走出村子，走过树林，走到了一个山峰重叠的地方。从此以后，他白天上山打柴，装满一车柴，就让老牛拉着，到集市上去换粮食；夜晚让老牛在车旁边休息，自己睡在车上。过了些日子，他在山前面盖了一间草房，又在草房旁边开了一块地，种了些庄稼。这就算安下家了。

（二）

11 一天晚上，他走进草房，忽然听见一声"牛郎"。自从离开村子，他还没听见过有人叫自己的名字。是谁叫他呢？回头一看，微弱的星光下，老牛的嘴一张一合的，正在说话。老牛真会说话了！

12 牛郎并不觉得怎么奇怪，像是听惯了它说话似的，就转过身子去听。

13 老牛说："明天黄昏的时候，你得翻过右边那座山。山那边有一片树林，树林前边有一个湖，那时会有仙女在湖里洗澡。她们的衣裳放在草地上。你要拣起那件粉红色的衣裳，跑到树林里等着。到时候去向你要衣裳的那个仙女就是你的妻子。这个好机会你可别错过了。"

14 "知道了。"牛郎高兴地回答。

15 第二天，牛郎翻过右边的那座山，穿过树林，黄昏的时候来到了湖边。湖面映着晚霞的余光，风景美极了。他听见有姑娘们的笑声，顺着声音看去，果然有好几个姑娘在湖里洗澡。他沿着湖边走，没几步，就看见草地上放着好些衣裳，花花绿绿的，件件都那么漂亮。里头果然有一件粉红色的，他拿起来，转身躲进树林里了。

16 他静静地等着，听着。一会儿，就听见姑娘们上岸的声音，一个仙女说："不早了，咱们赶紧回去吧！咱们偷偷地到人间来，要是老人家知道了，不知道要怎么罚咱们呢！"过了一会儿，又听见一个仙女说："哎呀！我的衣裳哪儿去了？谁瞧见我的衣裳了？"

17 牛郎听到这儿，从树林里走出来，双手托着那身粉红色的衣裳，说："姑娘，别着急，你的衣裳在这儿。"

18 姑娘害羞地穿上衣裳，一边梳着她那长长的黑头发，一边跟牛郎说话。牛郎把自己的情形都一五一十地说了。姑娘听得出了神，很同情他，也把自己的情形告诉了他。

19　原来这位姑娘是天上王母娘娘的第七个外孙女，彩锦织得好，名字叫织女，又叫七仙女。每天早晨和傍晚，王母娘娘都拿她织的彩锦来装饰天空，那就是灿烂的云霞。王母娘娘需要的彩锦多，就叫织女没白天、没黑夜地织，一会儿也不许休息。织女总在机房里劳动，劳累不用说，自由也没有了，等于关在监狱里，实在难受。她常常想，人人都说天上好，天上有什么好呢？没有自由，也看不见美丽的风景。她总想到人间去，哪怕是一天半天呢，也可以见识见识人间的景物。她把这个想法跟别的仙女说了。别的仙女也都说早有这种想法。那天下午，王母娘娘多喝了点儿酒，靠在宝座上直打瞌睡，看样子不会马上醒来。仙女们见机会难得，就你拉着我、我拉着你地溜出来，一齐飞到了人间。她们飞到湖边，看见湖水清得可爱，就跳下去洗澡。织女关在机房里太久了，能够在湖水里无拘无束地戏水，心里真痛快，想多玩一会儿，没想到上岸就落在后边了。

20　牛郎听完织女的话，就说："姑娘，既然天上没什么好，你就不用回去了。你能干活儿，我也能干活儿，咱们俩结婚，一块儿在人间过一辈子自由的生活吧。"

21　织女想了想，说："你说得真好，咱们结婚，一块儿过日子吧。"

22　他们俩手拉着手，穿过树林，翻过山头，回到牛郎盖的草房。牛郎把老牛指给织女看，说它就是自己从小到大相依为命的伴儿。织女拍拍老牛的脖子，用腮帮挨挨它的耳朵，算是跟它行了见面礼。老牛眉开眼笑地看着她，仿佛在说："正是这个新娘子。"

（三）

23 从此牛郎在地里耕种，织女在家里纺织。有时候，织女也帮助牛郎干些地里的活儿。两个人相亲相爱，不怕劳累，日子过得很美满。

24 转眼间三个年头过去了，他们生了一个男孩儿、一个女孩儿。到孩子能说话的时候，晚上织女就指着星星，给孩子讲些天上的故事。天上虽然富丽堂皇，可是没有自由，她不喜欢。她喜欢人间的生活：跟爸爸一块儿干活儿，她喜欢；逗着兄妹俩玩儿，她喜欢；看门前的小溪水欢快地流过去，她喜欢；听晨风轻轻吹过树林，她喜欢。两个孩子听她这么说，就依偎在她怀里，叫一声妈妈，回过头来又叫一声爸爸，她高兴极了。可是有时候织女也发愁。她愁什么呢？她没告诉牛郎。她愁的是外祖母知道她在这儿会来找她。

25 一天，牛郎去喂牛，那头衰老的牛又说话了，眼眶里满是眼泪。它说："我不能帮你们下地干活儿了！咱们要分开了！我死了，你把我的皮留着。遇见什么紧急事，你就披上我的皮……"老牛的话没说完就死了。牛郎和织女痛哭了一场，留下老牛的皮，把老牛的尸骨埋在草房后边的山坡上了。

26 再说，仙女们溜到人间洗澡的事到底还是让王母娘娘知道了。王母娘娘把她们关在黑屋子里惩罚她们。王母娘娘尤其恨织女，竟敢留在人间不回来，简直是有意破坏规矩。她发誓一定要把织女捉回来，就算藏在泰山底下的石缝里，也一定要抓回来，给她严厉的惩罚。

27 王母娘娘派了好些天兵天将到人间察访，才知道织女在牛郎家里，跟牛郎做了夫妻。一天，她亲自来到牛郎家，正巧牛郎在地里干活儿，她就一把抓住织女往外走。织女的两个孩子见那老太婆怒气冲冲地拉着妈妈走，就跑过来拉住妈妈的衣裳。王母娘娘狠狠地一推，孩子摔倒了。她带着织女一齐飞起来。织女心里难受极了，望着可爱的儿女，一时说不出话来，只喊了一句："快去找爸爸！"

28 牛郎跟着男孩儿赶回家，只见女孩儿正坐在门前哭。他决定上天去把织女追回来。可是怎么能上天呢？他忽然想起老牛临死说的话，这不正是紧急事吗？他赶紧披上牛皮，找来两个筐，一个筐里放一个孩子，挑起来就往外跑。一出屋门，他就飞起来了，耳朵旁边风呼呼地直响。飞了一会儿，望见妻子和老太婆了，他就大声喊："我来了！"两个孩子也连声叫妈妈。他越飞越近，眼看要追上了，王母娘娘拔下头上的玉簪，往身后一划——糟了！牛郎的前边忽然出现了一条大河。这条河很宽，波浪很大，牛郎飞不过去了。这就是天上的天河。

29 从此以后，牛郎在天河的这边，织女在天河的那边，只能远远地望着，不能在一块儿了。

30 织女受了严厉的惩罚，可是不肯死心，一定要跟牛郎一块儿过日子。时间长了，王母娘娘拿她也没有办法，就允许她每年跟牛郎见一次面。

31 每年农历七月七日，成群的喜鹊会在天河上搭起一座桥，牛郎和织女就在这座鹊桥上会面。

32 老人们说，每逢农历七月七日那一天，很少看见喜鹊，因为它们都去天河搭鹊桥去了。还有人说，那一天夜里，要是在葡萄架下边静静地听，还可以听见牛郎和织女在鹊桥上亲亲热热地说着悄悄话呢。

33 后来，牛郎和织女变成了天河两边的牵牛星和织女星。牵牛星的两边还各有一颗小星星，据说那是牛郎和织女的儿子和女儿。

［选自《语文》（第三册），人民教育出版社，1987 年，个别文字有改动］

练 习

一、判断正误

（一）

1. 牛郎的爸爸、妈妈在牛郎小时候就死了。 （ ）
2. 牛郎从小跟着哥哥、嫂子生活。 （ ）
3. 牛郎的哥哥、嫂子对牛郎很不好。 （ ）
4. 因为牛郎的爸爸姓牛，所以人们叫他牛郎。 （ ）
5. 牛郎很爱他放养的那头牛。 （ ）
6. 那头牛能听懂牛郎说的话，也喜欢听牛郎哼小曲儿。 （ ）
7. 牛郎希望那头牛能说话。 （ ）
8. 牛郎长大以后，觉得哥哥、嫂子对自己不好，提出要分家。 （ ）
9. 牛郎分到了家里最有用的一头牛、一辆车。 （ ）
10. 分家后牛郎开始靠上山打柴换粮食来生活。 （ ）

（二）

1. 有一天，牛郎养的老牛说话了。 （ ）
2. 老牛告诉牛郎去湖边可以找到自己未来的妻子。 （ ）
3. 牛郎的妻子是天上的仙女。 （ ）
4. 牛郎的妻子叫织女，她很会织彩锦。 （ ）
5. 天上灿烂的云霞就是织女织的。 （ ）
6. 织女觉得天上的日子很幸福。 （ ）
7. 织女和其他的仙女趁王母娘娘喝酒的时候溜出来洗澡。 （ ）
8. 织女想过人间的生活。 （ ）
9. 老牛也很喜欢织女。 （ ）
10. 牛郎和织女决定一起在人间过一辈子自由生活。 （ ）

（三）

1. 结婚后牛郎种地，织女织布，生活很美满。（　　）
2. 牛郎和织女有一个男孩儿、一个女孩儿。（　　）
3. 织女喜欢过人间的生活。（　　）
4. 织女结婚后很满意自己的生活，从来不担心任何事。（　　）
5. 老牛告诉牛郎，它死后，它的皮在紧急情况下有用。（　　）
6. 织女的外祖母是王母娘娘。（　　）
7. 王母娘娘派人来抓走了织女。（　　）
8. 牛郎披上牛皮，挑着孩子去追织女。（　　）
9. 天上出现的一条大河分开了牛郎和织女。（　　）
10. 王母娘娘后来同意牛郎和织女一年见一次面。（　　）
11. 牛郎和织女在鹊桥上见面。（　　）
12. 牛郎和织女见面的桥是喜鹊临时搭成的。（　　）
13. 牛郎和织女每年农历七月七日晚上见面。（　　）
14. 牛郎和织女后来变成了天上的牵牛星和织女星。（　　）

二、单项选择

1. “哥哥、嫂子见着他总是爱理不理的”，“爱理不理”意思是:（　　）
   A. 喜欢和他说话　　B. 不喜欢和他说话
   C. 热情、亲切　　D. 对他的态度冷淡、怠慢
2. “哥哥、嫂子想独占父亲留下的家产，把他看成眼中钉。”“眼中钉”比喻:（　　）
   A. 最坚强的人　　B. 最坏的人
   C. 最厉害的人　　D. 最恨的人
3. “你要知道好歹，赶紧离开这儿。”“知道好歹”意思是:（　　）
   A. 知道好和坏　　B. 知道我们对你好
   C. 知道有不好的结果　　D. 知道我们不喜欢你
4. “那辆车不稀罕，幸亏那头老牛归了他”，“稀罕”意思是:（　　）
   A. 稀少而珍惜　　B. 少见
   C. 缺少　　D. 奇怪

5. “牛郎把自己的情形都一五一十地说了。”“一五一十”形容叙述时：（　　）

A. 按顺序　　B. 很啰唆

C. 非常具体、详细　　D. 选择重要的情形

6. “姑娘听得出了神”，“听得出了神”形容：（　　）

A. 听得认真　　B. 听得不认真

C. 听得仔细　　D. 听得被完全吸引住了

7. “她常常想，人人都说天上好，天上有什么好呢？”“天上有什么好呢？”意思是：（　　）

A. 不知道天上有什么东西好　　B. 问别人天上的好处是什么

C. 在思考天上的好处是什么　　D. 天上不好

8. “她总想到人间去，哪怕是一天半天呢”，“哪怕是一天半天呢”意思是：（　　）

A. 到人间去很短的时间也可以　　B. 到人间去一天或者半天也很好

C. 到人间去很短的时间可以吗　　D. 到人间去一天或者半天就可以

9. “就算藏在泰山底下的石缝里，也一定要抓回来”，意思是：（　　）

A. 藏在很危险的地方，也一定要把她抓回来

B. 藏在很高的地方，也一定要把她抓回来

C. 藏在很远的地方，也一定要把她抓回来

D. 藏在很难找到，也一定要把她抓回来

10. “（人们）还可以听见牛郎和织女在鹊桥上亲亲热热地说着悄悄话呢。”“悄悄话”这里指：（　　）

A. 小声说的亲热而秘密的话　　B. 小声说的秘密的话

C. 小声说的话　　D. 偷偷说的话

三、解释下面句子中加线的词语或写出它们的近义词

1. 中国古时候有个孩子，爹妈（　　　　）都死了，跟着哥哥、嫂子（　　　　）过日子（　　　　）。哥哥、嫂子待（　　　　）他很不好。

2.（牛）有时候还伸出舌头舔舔他的手，怪（　　　　）有意思的。

3. 仿佛（　　　　）他一在眼前，他们就浑身不舒服。

4. 他老（　　　　　）是挑最好的草地，让牛吃又肥又嫩的青草。

5. 你如今（　　　　　）长大了，也该成家立业了。

6. 明天黄昏（　　　　　）的时候，你得翻过右边那座山。

7. 里头果然（　　　　　）有一件粉红色的（衣裳）。

8. 咱们赶紧（　　　　　）回去吧！

9. 谁瞧见（　　　　　）我的衣裳了？

10. 两个人相亲相爱，不怕劳累，日子过得很美满（　　　　　）。

11. 两个孩子听她这么说，就依偎（　　　　　）在她怀里，叫一声妈妈。

12. 可是有时候织女也发愁。她愁（　　　　　）什么呢？

13. 她愁的是外祖母（　　　　　）知道她在这儿会来找她。

14. 我不能帮你们下地（　　　　　）干活儿了！

15. 仙女们溜到人间洗澡的事到底（　　　　　）还是让王母娘娘知道了。

16. 王母娘娘尤其（　　　　　）恨织女，竟敢留在人间不回来。

17. 他忽然想起老牛临死（　　　　　）说的话。

18. 糟了（　　　　　）！牛郎的前边忽然出现了一条大河。

19. 织女受了严厉的惩罚，可是不肯死心（　　　　　），一定要跟牛郎一块儿过日子。

20. 每逢（　　　　　）农历七月七日那一天，很少看见喜鹊，因为它们都去天河搭鹊桥去了。

四、下面哪一项不正确或文中没有提到

1. 牛郎：（　　）

A. 小时候父母都死了

B. 父母死后跟着哥哥、嫂子生活

C. 对自己放养的牛很好

D. 长大后舍不得离开哥哥、嫂子

E. 和织女结婚后很幸福

F. 有两个孩子

G. 披着老牛的皮去追织女

H. 后来变成了牵牛星

2. 织女：（　　）

A. 是天上王母娘娘的外孙女

B. 也叫七仙女，彩锦织得好

C. 想过人间的生活

D. 结婚后担心王母娘娘会来找她

E. 把自己的担心告诉了牛郎

F. 一条天河把她和牛郎分开了

G. 抓回天上后也一定要和牛郎一起生活

H. 后来变成了织女星

3. 老牛：(　　)

A. 和牛郎很亲密

B. 好像能听懂牛郎说的话

C. 告诉牛郎去找可以做妻子的姑娘

D. 后来会说话了

E. 病死了

F. 它的皮有紧急事时能帮助牛郎

4. 王母娘娘：(　　)

A. 是织女的外祖母

B. 不允许织女在人间生活

C. 派人抓走了织女

D. 知道织女在人间生活很生气

E. 天河是她用簪子划出的

F. 最后允许牛郎织女一年见一次面

五、简答题

1. 这个孩子为什么叫“牛郎”？

2. 牛郎的哥哥、嫂子为什么要和牛郎分家？

3. 牛郎为什么要拿起那件粉红色的衣服躲进树林里？

4. 织女为什么不喜欢天上的生活？

5. 最后牛郎为什么追不上织女了？

六、根据课文完成表格

故事的各个阶段	主要情节
开始	1. 古时候有个孩子叫牛郎。 2. ________________ 3. ________________
发展	1. 牛郎的哥哥、嫂子和牛郎分了家。 2. ________________ 3. 牛郎牵着老牛，拉着破车，在山前面盖了草房，安下了家。 4. 牛郎按老牛说的方法，找到了美丽的织女。 5. ________________ 6. ________________ 7. 王母娘娘把织女抓走了。 8. ________________ 9. ________________ 10. 从此，牛郎和织女在天河的两边，只能远远地望着。
结局	1. 王母娘娘允许织女和牛郎每年见一次面。 2. ________________

七、填空概括课文主要内容

从前有个孩子叫牛郎，牛郎很小的时候他的爸爸、妈妈就________________，他跟着________________过日子。但是牛郎的哥哥、嫂子对牛郎________________。牛郎天天放牛，对牛照顾得很周到，他和这头老牛的感情________________。

一天牛郎的哥哥、嫂子要和牛郎________________，他们分给了牛郎________、________________，并把牛郎赶出了家。牛郎带着哥哥、嫂子分给他的东西在山前边安下了家。

牛郎在________________的帮助下，和天上的________________结了婚。他

们结婚后相亲相爱，辛勤劳动，后来还生了一个男孩儿、一个女孩儿，日子过得______________________。那头老牛临死的时候告诉牛郎碰到什么紧急事，______________________。

一天，织女的外祖母王母娘娘来到牛郎家，带着织女一起向天上飞去。这时牛郎想起了老牛临死时说的话，披上______________________，挑起______________________，飞了起来。眼看就要追到了，王母娘娘拔下头上的玉簪，______________________，牛郎的前面忽然______________________，牛郎飞不过去了。

这条天河虽然把牛郎和织女分开了，但是织女仍然要跟牛郎一块儿过日子。王母娘娘只好允许他们每年______________________。每年______________________，牛郎和织女在______________________见面。

人们都说，牛郎和织女后来变成了天河两边的______________________和______________________，他们忠贞不渝，隔河相望。

八、你对牛郎织女的故事结尾满意吗？如果满意，写出满意的理由；如果不满意，写出你的故事结尾。